AF385656

ENCYCLOPÉDIE-RORET.

—

FLEURISTE

ARTIFICIEL.

AVIS.

Le mérite des ouvrages de **l'Encyclopédie-Roret** leur
a valu les honneurs de la traduction, de l'imitation et de la
contrefaçon. Pour distinguer ce volume, il porte la signature
de l'Editeur, qui se réserve le droit de le faire traduire
dans toutes les langues, et de poursuivre, en vertu des lois,
décrets et traités internationaux, toutes contrefaçons et toutes
traductions faites au mépris de ses droits.

Le dépôt légal de ce Manuel a été fait dans le cours du
mois de mars 1858, et toutes les formalités prescrites par
les traités ont été remplies dans les divers États avec lesquels
la France a conclu des conventions littéraires.

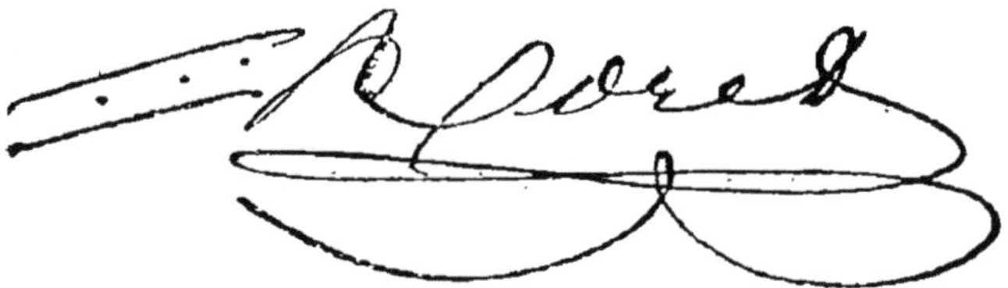

ON TROUVE A LA LIBRAIRIE ENCYCLOPÉDIQUE
DE RORET :

Manuel complet du FLEURISTE ARTIFICIEL, ou
l'Art d'imiter, d'après nature, toutes espèces de fleurs,
suivi de l'Art du Plumassier, par Mme **CELNART.** Un
volume orné de planches. Prix   2 fr. 50

MANUELS-RORET.

NOUVEAU MANUEL SIMPLIFIÉ

DU

FLEURISTE

ARTIFICIEL

PAR

Mademoiselle CLÉLIE SOURDON.

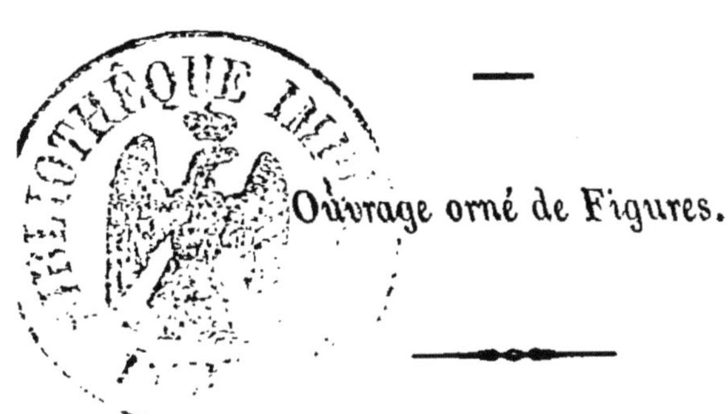

Ouvrage orné de Figures.

PARIS

A LA LIBRAIRIE ENCYCLOPÉDIQUE DE RORET,

RUE HAUTEFEUILLE, 12.

1858.

L'Auteur et l'Éditeur se réservent le droit de traduction.

PRÉFACE.

Non-seulement les fleurs artificielles, lorsqu'elles sont bien faites, sont la reproduction exacte d'une des plus belles œuvres de Dieu (je ferais mieux de dire inexacte); car, quelle que soit la perfection des choses inventées par l'esprit humain, elle ne peut jamais atteindre celle des choses créées par Dieu ; mais elle sont encore un art, et un art qui peut devenir très-utile, lors même que dans son jeune âge on l'aurait appris comme talent d'agrément.

Je ne parle plus ici de ces fleurs qui, toutes ordinaires, sont apprises comme un métier, rapportant à celles qui s'en occupent, 75 centimes ou 1 franc par jour. Je parle des fleurs d'après nature, de ces fleurs qui, à Paris et à l'étranger, ont un mérite sans valeur, c'est-à-dire qu'on peut les vendre un prix élevé, car dans ce cas ce ne sont pas les fournitures composant le matériel de la fleur que l'on paie, c'est le travail, c'est le talent de l'artiste.

Non-seulement, à l'aide de ce petit ouvrage, on pourra se perfectionner, mais encore se passer de leçons, car je le commence par les premiers principes, et une jeune fille intelligente pourra parfaitement arriver, et sans beaucoup de peines, à ce talent perfectionné et si agréable.

NOUVEAU MANUEL SIMPLIFIÉ

DU

FLEURISTE ARTIFICIEL.

EXPLICATION HORTICOLE.

Je crois qu'il est bon, avant de commencer mes leçons, de mettre mes élèves au courant de tous les termes qui s'emploient dans l'horticulture pour désigner les différentes parties qui composent une fleur. Car, aussi bien que le statuaire a besoin d'étudier l'anatomie pour reproduire exactement tous les membres, les muscles, les veines, enfin, toutes les parties composant le corps humain, pour rendre son ouvrage parfait; de même aussi, la fleuriste a besoin d'étudier l'horticulture pour donner à sa fleur une ressemblance perfectionnée.

Mais le statuaire ne peut jamais reproduire qu'un personnage raide, sans mouvement, sans apparence de vie, enfin, pâle comme le marbre avec lequel il est formé. Tandis que nous, nous pourrons donner à la tige d'une fleur, toute la grâce, toute la souplesse du naturel ; la nuance fraîche et pure de la fleur qui vient d'éclore ; et ce qui en complète le charme : la suave odeur.

Nous allons donc disséquer ensemble une fleur afin de l'étudier. Nous choisirons une fleur bien connue, l'œillet simple.

Si nous examinons attentivement, nous verrons en procédant de l'extérieur à l'intérieur, d'abord une partie verte divisée au sommet en cinq dents et qui recouvrait entièrement les parties colorées de la fleur, lorsqu'elle était en bouton. Cette partie c'est le calice, ou enveloppe florale externe ; si nous l'enlevons, nous verrons disposées sur un rang plus intérieur, cinq parties distinctes et d'une consistance beaucoup plus délicate que le calice ; ce sont les pétales ; leur ensemble forme la corolle ou enveloppe florale interne. Rapprochons-nous du centre de la fleur, et nous trouverons dix corps filiformes d'une structure assez analogue à celle des pétales, et portant à leur sommet des espèces de vésicules jaunes qui contiennent une poussière particulière ; ce sont les étamines. Enfin, tout-à-fait au centre de la fleur, nous verrons un corps assez gros, cylindrique à la base, et terminé à sa partie supérieure par deux filets divergents ; c'est le pistil. Ce qui forme le bout du pistil se nomme stigmate.

Le calice, lorsqu'il est d'une seule pièce et divisé seulement dans la partie supérieure, comme dans l'œillet, est dit monophyle. Lorsqu'au contraire, il est formé de plusieurs pièces distinctes les unes des autres, comme dans la renoncule, il est dit polyphille, et chacune des parties qui le constituent reçoit le nom de foliole.

Il en est de même de la corolle, qui est dite monopétale lorsqu'elle est d'une seule pièce, comme dans le lilas, et dite polypétale lorsqu'elle est formée de parties distinctes, comme dans l'œillet, la rose, etc.

Il est un grand nombre de végétaux qui, au lieu de présenter deux enveloppes florales distinctes, un calice et une corolle, n'en ont qu'une seule qui paraît composée de la réunion intime de ces deux parties; c'est ce que l'on peut voir dans le lys, la tulipe, le chèvrefeuille, etc... On donne alors à cette enveloppe le nom de périgone.

Au bas du pistil, près du calice, se trouve un petit moule allongé qui se nomme ovaire.

La racine d'une plante est la partie qui tend toujours vers le centre de la terre, et qui sert à fixer la plante au sol. La tige est cette partie de la plante qui tend ordinairement à s'élever au-dessus du sol, et qui est destinée à porter les feuilles et les fleurs.

Les feuilles sont trop bien connues de tout le monde pour que j'essaie à les décrire ici. Il me suffira de dire que la feuille est formée de deux parties : l'une plane, large et mince, c'est le limbe de la feuille, ou la feuille elle-même à proprement parler; l'autre linéaire, allongée, connue vulgairement sous le nom de queue de la feuille, c'est le pétiole.

Outre ces parties essentielles des végétaux, il en est beaucoup d'autres qui se rencontrent plus ou moins souvent et auxquelles on a donné le nom d'appendices : telles sont les stipules, expansions foliacées situées à la base de certaines feuilles. Les bractées ou folioles, feuilles situées dans le voisinage des fleurs et différant ordinairement des autres feuilles par leur forme et leur nuance. Les vrilles, appendices filiformes, ordinairement roulées en spirale, et s'entortillant autour des corps voisins, tels sont : le liseron, le pois de senteur, la vigne, etc., etc..

L'épine si connue, excroissance dure et piquante garnissant les tiges de différentes plantes, telles sont : les rosiers, les ronces, l'aubépine et autres.

Poils, parties molles et filiformes, qui ont de l'analogie avec les poils des animaux, c'est en terme de fleuriste ce que nous appelons épiné ou biné. Cannelé, enfoncement allongé dans le pétale ou dans la feuille en forme de gouttière. Capillaire, étamine ou pistil mince comme un cheveu.

Dentelé, pétale bordé de petites dents.

On nomme exotiques, les plantes qui naissent hors le pays, et indigènes, les plantes nées dans le pays.

Nervures, faisceaux de fibres proéminentes, que l'on rencontre à la surface des feuilles ou des enveloppes florales ou pétales.

Onglet, partie inférieure et rétrécie d'un pétale.

Onguicule, veut dire pourvu d'un onglet. On nomme encore onglet, une tache noire ou brune posée en ovale sur le véritable onglet du pétale, dans le fond de la fleur. Je donnerai pour exemple : l'œil de perdrix, l'anémone, la renoncule, etc...

Pédoncule, tiges supportant la fleur et conséquemment le fruit.

Pétale, pièce distincte de la corolle.

LEÇON PREMIÈRE.

Pour apprendre à tourner.

Le plus essentiel pour bien faire les fleurs artificielles et les monter lorsqu'elles sont faites, c'est de savoir parfaitement tourner. Or, la première chose qu'il faut faire, est de prendre un sept (petit fil de fer crû que l'on nomme ainsi), puis du coton en laine première qualité; on le tire mince et étroit, on pose le bout du coton sur l'index de la main gauche, en soutenant la mèche de coton avec la main droite; on pose d'un bout le sept sur l'index sur lequel est placé le coton, de l'autre bout, on l'arrête entre le doigt du milieu et celui qui suit; puis, appuyant en roulant avec le pouce, on arrive à garnir son sept de coton jusqu'au bas, le sept remontant insensiblement, en le tournant, il faut serrer fortement.

On se sert du même procédé pour garnir un sept de soie. La soie pour fleurs est une soie plate que l'on trouve dans les meilleurs magasins de Paris. Pour que le sept soit bien fait, il faut qu'il soit totalement garni, qu'on ne voie rien du fil de fer à travers le coton ou entre les tours de la soie.

Pour commencer, il faut prendre le sept du n° 2, et de 10 centimètres de long environ.

Il faut tourner toujours avec le procédé indiqué plus haut, du papier autour de fil de fer cuit; il faut aussi que ce fil de fer soit totalement couvert; pour être bien, il faut que le papier soit descendu graduellement, parce que descendre trop vite et trop en biais, cela n'est pas solide.

LEÇON DEUXIÈME.

Apprêts des étoffes.

Pour confectionner les fleurs artificielles, il faut de la mousseline sans apprêts. Il y a des magasins spéciaux pour cela.

On achète de l'empois tout fait chez les marchands d'apprêts pour fleurs. Il en faut 125 grammes par mètre de mousseline. On le met dans une cuvette, on le bat fort avec la main, jusqu'à ce que d'épais qu'il est il devienne clair. On trempe la mousseline coupée par un mètre dans de l'eau de crème de tartre que l'on fait soi-même d'après le procédé indiqué plus loin à la leçon treizième. On l'épure fortement, puis on la secoue. Ensuite on place le milieu de la mousseline sur le plat de la main gauche; avec la main droite on y met de l'empois; de même aux quatre coins assez avant vers le milieu, puis assez épais pour que, battant ce mètre de mousseline, pendant vingt minutes, très-fort entre les deux mains, l'empois puisse s'étendre et que la mousseline soit également empesée partout. On a un métier fait comme un métier à broder, mais sans pieds. On le dresse contre un mur, les deux tringles des côtés sont garnies de pointes; les tringles du haut et du bas sont trouées de manière à y faire entrer des chevilles pour tenir l'écartement du métier. On attache la lisière de la mousseline aux deux côtés garnis de pointes; puis on écarte le métier le plus possible afin qu'elle soit bien tendue, et également du haut et du bas; pour tirer sur la longueur, on passe un ruban dans les trous des tringles en haut et en bas. On attache ce ruban de place en place à la mousseline en la tirant fortement. Lorsqu'elle est sèche on la retire, on la coupe en deux, on plie chaque morceau en huit, puis on l'égalise afin qu'elle soit toute prête à s'en servir lorsqu'on en a besoin. Il est bon de mettre un soupçon de bleu-éteint dans l'eau de crème de tartre lorsque c'est pour faire des fleurs blanches.

Il faut faire attention à l'apprêt des mousselines qui sont destinées à être trempées en violet, la crème de tartre étant très-nuisible à cette nuance. Il faut dans ce cas tremper la mousseline simplement dans de l'eau bouillante, mais à trois reprises différentes.

Il y a un apprêt tout spécial pour les fleurs toutes blanches; on prend un mètre de mousseline plus ou moins fine, suivant les fleurs que l'on veut faire, on l'apprête et on la tend sur le métier comme la précédente. On a dans un bol de l'amidon délayé épais, dans lequel on ajoute légèrement de la gomme fondue 1ᵉʳ choix, on prend de ce mélange avec un pinceau-brosse et on en enduit la mousseline, bien également partout; cela donne un très-joli velouté à l'étoffe et en efface totalement le grain. Faire attention qu'il y a un envers.

LEÇON TROISIÈME.

Etoffe pour grenade.

On trempe la mousseline dans du jaune au safran, puis ensuite dans du carmin bien délayé et un peu clair, car la grenade n'est pas d'un rouge vif. Pour la teindre convenablement, prendre une fleur naturelle, puis l'apprêter à l'empois comme ci-dessus et la tendre sur lè métier.

LEÇON QUATRIÈME.

Etoffe pour bluet.

On trempe la mousseline dans du bleu-éteint mélangé d'eau, on l'apprête comme la blanche, on la tend; puis, avec un pinceau-brosse, on y applique du bleu d'outre-mer plus ou moins mélangé de blanc d'argent, suivant la teinte plus ou moins claire que l'on veut donner à l'étoffe. Il doit y avoir dans ce mélange un très-léger soupçon de gomme fondue pour bien fixer la couleur sur l'étoffe.

LEÇON CINQUIÈME.

Mousseline déblanchic.

On met de l'eau dans une cuvette, on verse dans cette eau du jaune à la terra-merita, puis un peu de bleu-éteint ; de tout, plus ou moins, suivant la nuance plus ou moins foncée que l'on veut obtenir. On y ajoute le jus de la moitié d'un citron pour donner de la fraîcheur à la nuance. Puis on y plonge la mousseline, toujours un mètre à la fois. Apprêt ordinaire, cette étoffe sert à faire les calices des fleurs.

LEÇON SIXIÈME.

Etoffe brune.

Cette nuance sert au même usage que la précédente et se fait ainsi : on prépare dans une cuvette du rose végétal de la manière indiquée à la leçon quinzième pour le cerise, on y trempe la mousseline, on la retire, puis on la laisse quatre ou cinq heures pour que le rose prenne bien. Au bout de ce temps, on la lave comme cela est indiqué à la leçon quinzième pour les pétales, puis on l'apprête comme la blanche en ajoutant de la crème de tartre dans l'empois ; lorsqu'elle est tendue sur le métier, on l'enduit avec un pinceau-brosse de la préparation suivante : On mêle dans un vase, du carmin, de la laque, du noir d'ivoire broyé à l'eau, puis très-peu de gomme ; on met plus ou moins de carmin ou de noir, selon que l'on veut la nuance plus ou moins foncée, plus ou moins rougeâtre.

On peut, si on le préfère, tremper la mousseline dans cette préparation et l'apprêter après l'avoir fortement tordue.

LEÇON SEPTIÈME.

Apprêt de la percale.

La percale s'apprête comme les autres mousselines ou nansouk, mais très-ferme ; puis lorsqu'elle est sèche, on la place toute dépliée sur une table propre, et, avec un cylindre en verre, on lui donne le brillant. Ce cylindre peut se remplacer par une bouteille que l'on roule sur le côté en appuyant fortement.

LEÇON HUITIÈME.

Apprêt des velours de soie et de coton.

Lorsque le velours est tendu sur le métier, on y fait une application de gélatine ou de gomme fondue 1er choix, avec un pinceau-brosse à l'envers. Le velours de coton qui sert à faire les fleurs de velours nuancées, se prépare ainsi : On le tend sur le métier et on l'apprête à l'envers comme le précédent ; or, en place de gélatine ou de gomme, on se sert d'amidon bien délayé et épais, afin que le velours soit très-ferme.

LEÇON NEUVIÈME.

Manière de faire les pâtes.

Pâte ordinaire servant à la confection des fleurs.
On prend de la gomme ordinaire bien fondue, on y mêle de la farine en remuant fortement avec une spatule de bois. Pour être bonne, il faut qu'elle soit filante, c'est-à-dire ni trop claire ni trop épaisse.

Pâte d'un vert déblanchi.

On délaie de l'amidon très-épais, on l'éclaircit avec de la gomme 1ᵉʳ choix, puis, on y ajoute un peu de jaune de chrome pâle délayé à part, puis un peu de vert anglais fin ; cela fait un très-joli déblanchi.

Pâte verte.

Comme la précédente, hors que l'on prend du jaune plus foncé, et on y ajoute un peu de jaune à la terra-merita, puis un peu de bleu-éteint ; le tout en proportion de la nuance que l'on veut faire.

Pâte rose.

Même procédé de gomme et d'amidon. Pour la colorer, on y met du rose végétal délayé, puis un peu de crème de tartre pour donner de la fraîcheur au rose.

LEÇON DIXIÈME.

Pâte rouge.

Comme la précédente, en y ajoutant du carmin bien fondu, ou du vermillon, suivant le genre de rouge que l'on veut obtenir.

Pâte brune.

Comme la précédente, en y ajoutant du noir d'ivoire broyé à l'eau, puis un peu de laque, suivant la nuance.

Pâte jaune.

Même procédé. Pour la colorer, du jaune de chrome ou de la gomme-gutte, suivant la nuance.

Pâte violette.

Même procédé. Pour la colorer, on prend de la soie violette, dite soie en cocon. On en extrait la couleur avec une eau préparée pour cela. Pour que cette dé-

oction soit foncée, il faut mettre beaucoup de soie et
peu d'eau; on y ajoute du sel de tartre pour donner
la fraîcheur au violet. Battre fortement la pâte, lorsque
on veut faire simplement de la couleur pour boutons
naturels ou fruits, comme nous en parlerons plus loin.
Le procédé est le même que pour les pâtes, pour le
mélange des couleurs. Seulement on n'y met pas d'a-
midon, et on se sert de tout ce qu'il y a de plus beau
en gomme.

LEÇON ONZIÈME.

Découpage.

On a un plomb pesant environ 75 kilogrammes, qui
est posé sur un billot d'environ 70 centimètres de haut
et de la largeur du plomb. On place sur le plomb un
demi-mètre de mousseline plié en huit avec du papier
dessus et dessous; on le fixe avec des pointes, puis, on
prend un emporte-pièce de la fleur qu'on veut faire;
on l'appuie fortement avec la main gauche sur la
mousseline en commençant à placer son outil à la
droite du plomb, puis de la main droite, on donne
deux coups de maillet de bois dur d'aplomb sur l'emporte-pièce. On fait sortir la coupe de pétales du fer
avec un fil-de-fer que l'on introduit dans un petit
trou placé exprès pour cela derrière le fer; puis, on
recommence en plaçant son fer toujours tout près de
la coupe que l'on vient d'enlever, afin de ne pas per-
dre d'étoffe. On nomme une grosse, 12 douzaines; ces

douze douzaines contiennent 144 pétales, il faut 18
coupes en 8 pour faire une grosse de pétales, il est
donc bien facile de calculer ce qu'il faut de coupes
par douzaine ou par grosse de fleurs qu'on veut faire
suivant ce que l'on y met de pétales, il s'agit de mul-
tiplier le nombre de pétales qui entre dans une fleur
par 18, qui est le nombre de coupes contenant une
grosse.

Un point important pour bien faire les fleurs, c'est
de découper les pétales d'un très-bon biais; il faut
donc observer que le bas de l'outil, c'est-à-dire l'onglet, soit placé dans la pointe de fichu que forme la
mousseline. On garde avec soin les découpures des
grands fers, dans lesquelles on trouve de quoi faire de
très-jolies petites fleurs.

LEÇON DOUZIÈME.

Imitation de fleurs.

Pour imiter une fleur naturelle, il faut l'effeuiller,
ranger tous les pétales avec soin, prendre une feuille
de carton sur laquelle on colle avec la pâte ordinaire
un pétale de chacune des grandeurs et formes différentes que contient la fleur; lorsqu'ils sont secs, on les
découpe avec des ciseaux juste au pétale, puis on fait
faire des emporte-pièces sur ces patrons dont on garde
le double avec grand soin. Compter exactement ce
qu'il y a de pétales de chaque forme et grandeur dans
la fleur et écrire le nombre sur chaque patron.

LEÇON TREIZIÈME.

*Trempé. — Préparation de l'eau de crème
de tartre.*

Faire bouillir 200 grammes de crème de tartre dans
un litre et demi d'eau, pendant dix à quinze minutes,
puis laisser reposer et refroidir.

Jaune à l'esprit-de-vin.

Faire infuser pendant huit jours, 60 grammes de
safran dans un litre d'esprit-de-vin ; au bout de ce
temps le passer dans du papier à filtrer pour le cla-
rifier. On fait également du jaune, même procédé que
ci-dessus, avec de la terra-merita, mais le jaune au
safran est préférable en ce qu'il a plus de fraîcheur.
Le plus beau jaune qu'on puisse employer est le
jaune de Baubœuf ; il y en a de différentes nuances
en ce qu'il ne supporte pas de mélange d'eau ou d'esprit-de-vin ; mais, j'engagerai toujours de s'en servir
lorsqu'on veut obtenir une nuance vraiment naturelle.

Fleurs déblanchies.

On nomme fleurs déblanchies, les fleurs blanches
dont la partie du pétale touchant au cœur est légèrement jaunie ou verdie ; pour jaunir, on met du jaune
à la terra-merita dans une soucoupe, on éclaircit la

couleur avec de l'esprit-de-vin jusqu'à ce qu'elle soit d'un jaune très-pâle; on y ajoute environ trente ou quarante gouttes de jus de citron dans une proportion de deux cuillerées de couleur.

Versez dans un verre de l'eau de crème de tartre ci-dessus indiquée, trempez-y vos pétales que vous posez sur une assiette par paquets. Vous mettiez devant vous, sur une table, une feuille de papier buvard pliée en quatre; vous prenez un paquet de vos pétales que vous épurez, surtout à l'endroit du pétale où vous devez appliquer la couleur. Vous prenez le paquet de la main gauche, entre le pouce et l'index, puis avec des pinces à fleurs que vous tenez de la main droite, vous prenez vos pétales par quatre que vous placez à mesure, en les rangeant près les uns des autres sur la feuille de papier que vous avez placée devant vous; un rang seulement à la fois, le bas du pétale vers vous. Vous prenez avec un pinceau de grosseur moyenne, du jaune qui doit se trouver placé à votre droite dans la soucoupe, vous appuyez légèrement votre pinceau sur la pointe du pétale, et avec l'index gauche, vous appuyez sur la couleur que vous venez de poser, de manière à faire monter graduellement la couleur et qu'elle se trouve tout-à-fait fondue dans le blanc du pétale. Ceci est pour les fleurs jaunies.

La préparation est exactement la même pour les fleurs verdies. Seulement, on ajoute dans le jaune quelques gouttes de bleu-éteint. On met plus ou moins de jaune et de bleu, selon qu'on désire faire la nuance plus ou moins jaune ou plus ou moins verte.

LEÇON QUATORZIÈME.

Trempé jaune.

On prépare cette couleur comme la précédente, plus ou moins foncée, suivant la nuance de la fleur. On place les pétales sur la feuille de papier buvard, et prenant de la couleur avec le pinceau, on l'applique sur le milieu du pétale en descendant vers le bas, et avec l'index gauche, on appuie sur la nuance en tournant le doigt dessus, de manière à ce que la nuance gagne légèrement les bords du pétale.

Lorsqu'on a fini de tremper, on étend une feuille de papier buvard pliée en deux, les pétales par quatre ensemble, en les rangeant en ligne droite les uns contre les autres après les avoir bien épurés ; ensuite, on appuie fortement dessus une autre feuille de papier. Ceci fait, on retourne les deux feuilles de papier de manière que la feuille qui était dessus se trouve dessous, les pétales rangés dessus, dans le même ordre où ils étaient sur la feuille, qui, dans le principe, se trouvait dessous. Il faut recommencer cette opération jusqu'à ce que les pétales soient presque asséchés.

LEÇON QUINZIÈME.

Trempé rose.

Le rose que l'on emploie pour colorer les fleurs
artificielles, se nomme rose végétal ; le meilleur est le
rose liquide, mais il ne s'emploie avec succès qu'à
Paris ; en ce qu'il est d'autant plus beau qu'il est nou--
vellement fait.

Ensuite, il y a le rose végétal en pâte ; il faut avoir
soin, lorsqu'on l'a acheté, de l'étendre sur une assiette
de porcelaine neuve, et avec un pinceau neuf. On le
laisse sécher et on le délaie à mesure que l'on en a
besoin. Puis il y a le rose en écaille, qui est le plus
commode pour expédier au loin, et aussi celui qui se
conserve le mieux. Quand on veut s'en servir, on en
met tremper dans une soucoupe dans laquelle il y a
un peu d'eau, seulement ce qu'il en faut pour fondre
le rose ; on l'écrase avec le doigt jusqu'à ce qu'il n'y
ait plus de petites parcelles de rose.

Mouiller les pétales dans de l'eau pure et les poser
sur une assiette, puis préparer trois soucoupes, délayer
dans la première du rose dans de l'eau, que l'eau soit
légèrement rosée ; y mettre un soupçon de sel de tartre
que l'on mêle bien dans le rose. Dans la deuxième, la
même opération plus foncée en nuance, un peu plus
de sel de tartre. Dans la troisième, même opération,
plus foncée encore ; dans chaque soucoupe un pinceau

qui ne doit servir qu'à cette nuance, le rose étant une couleur si délicate, qu'il suffit qu'une personne ait l'haleine forte pour faire tourner la nuance. Etendre les pétales par quatre sur une feuille de papier buvard, après les avoir épurés comme je l'ai dit plus haut; prendre avec le pinceau du rose de la première soucoupe, faire une nuance égale sur la partie du pétale qui doit être trempée rose, en ayant soin de laisser le bas du pétale, c'est-à-dire l'onglet, bien blanc, afin de pouvoir le jaunir ou verdir, selon l'espèce de fleur qu'on veut faire ; appuyer avec son doigt pour faire pénétrer la couleur. Lorsque l'on est au bout de sa rangée de pétales qui doit être de dix à douze paquets par quatre, on les retourne, puis on recommence de l'autre côté.

Ensuite, avec le pinceau de la deuxième soucoupe, on applique une goutte de rose sur le milieu du pétale que l'on fait monter graduellement, en appuyant avec le doigt, ainsi sur chaque paquet; puis, on les retourne en en faisant autant de l'autre côté.

Puis enfin, exactement la même opération avec la nuance la plus vive.

Ceci terminé, on pose les paquets les uns sur les autres, puis on les met sur un coin du papier sur lequel on teint jusqu'à ce que tout soit trempé. On met les trois nuances plus ou moins vives, suivant le rose plus ou moins foncé que l'on veut obtenir.

Avant de tremper, on prépare cinq verres : dans deux de l'eau pure; dans deux de l'eau de crème de tartre préparée comme je l'ai indiqué à la leçon treizième; puis, dans le cinquième de l'eau pure dans laquelle on mêle unè pincée de sel d'oseille.

Puis le trempé fini, on prend les pétales par huit, on les tient par le bout qui est resté blanc, on les trempe dans chaque verre, on les agite sur tous les sens en commençant par l'eau pure, puis l'eau de crème de tartre, et en finissant par celui dans lequel est le sel d'oseille. En les retirant de chaque verre, on a soin de les épurer; ce lavage fini et les pétales bien épurés, c'est-à-dire pressés fortement entre les doigts pour en extraire l'eau qui y est, on les étend par quatre sur du papier buvard, puis on les change de papier de la manière que vous connaissez.

Il ne faut pas que le rose reste plus d'une heure sans être lavé.

La couleur cerise se trempe exactement de même, c'est le rose qu'on fonce beaucoup plus dans chaque nuance; on met aussi par la même raison plus de sel de tartre; on reconnaît qu'il y en a assez, quand on ne voit plus de petits grumeaux de rose au fond de la soucoupe en l'agitant. Il faut que cette nuance reste environ six heures sans être lavée; lorsque le rouge décharge trop, il faut changer souvent les eaux; autrement, cela ne serait pas bien lavé. On voit que c'est bien lorsque les pétales ne déchargent pas sur le papier, il faut qu'ils jettent l'eau claire.

LEÇON SEIZIÈME.

Trempé ponceau.

Lorsque les pétales cerise sont lavés, on prend avec un pinceau ne servant qu'à cela, du carmin fondu un peu liquide qu'on applique sur les pétales en le faisant pénétrer avec le doigt.

Nuance feu ou saumonnée. — Trempez d'abord les pétales en rouge pour la nuance feu ; en rose pour la nuance saumonnée ou thé. Lavez, puis trempez en jaune par-dessus, jaune foncé pour la nuance feu, jaune clair pour le saumonné ou thé. C'est de cette manière que l'on imite la nuance de ces belles roses thé qui, depuis longuées années déjà, font la gloire de nos horticulteurs et de nos artistes en fleurs artificielles d'après nature.

LEÇON DIX-SEPTIÈME.

Bleu de lumière.

Prendre du bleu de Baubeuf et l'appliquer sur les pétales de la même manière que les autres nuances ; mais mouiller les pétales dans de l'eau pure avant et ne pas les laver.

Trempé violet. — Prendre de la soie en cocon, en mettre une bonne poignée dans trois cuillerées envi-

ron d'eau dissolvante, la laisser se décharger pendant
environ six heures; puis l'appliquer avec la méthode
ordinaire, en mouillant les pétales dans de l'eau pure...
Ne pas laver.

Il faut, lorsque la saison le permet, avoir devant
soi une fleur naturelle pour tremper, aussi bien que
pour confectionner; car nous ne saurions avoir de
meilleurs modèles que les œuvres admirables du
Créateur.

Les fleurs sont presque toutes (sauf quelques-unes)
d'une nuance plus vive à l'intérieur qu'à l'extérieur,
ce qu'il faut observer lorsqu'on trempe. Il faut donc
tremper d'abord tous les pétales du cœur, puis ceux
qui suivent, et appauvrir le bain avec un peu d'eau
pure à chaque gradation de nuance que doit avoir la
fleur. Ainsi, la rose à cent feuilles doit être de quatre
nuances; plus les trois pétales cerise qui se trouvent
dessous. Voir une fleur naturelle.

Les roses Bengale sont, au contraire, cerise au dehors et presque blanches rosées à l'intérieur. Enfin,
comme chaque fleur a sa nuance spéciale, il faut con-
sidérer avec attention celle qu'on veut imiter avant
de tremper.

LEÇON DIX-HUITIÈME.

Gaufrage.

Il y a trois manières de gaufrer : à la presse, à la
boule et à la pince.

La gaufrure *à la presse* est nécessaire, lorsque la
nature a incrusté dans le tissu du pétale (si je puis
m'exprimer ainsi), de ces petites nervures impercep-
tibles qui font le joli de la fleur; tels sont le lis, le
laurier, la jannette, etc., etc.

Dans ce cas, on fait faire sur un pétale naturel un
gauffroir avec sa cuvette, ou, pour gaufrer à la presse,
on place les pétales dans la cuvette, on met le gauffroir dessus les pétales, puis plaçant le tout sous la
presse que l'on tourne fortement, ils se trouvent gaufrés de cette manière ; je dis gaufrés quant aux nervures, car il faut toujours les finir avec les pinces
pour le roulé des bords du pétale; puis, aussi quelques ondulations gracieuses qu'ont quelques fleurs,
puis encore, pour donner de la souplesse au pétale.
Pourtant il y a des fleurs qui s'emploient sans autre
préparation en sortant du gauffroir, tels sont : le jasmin de France ou d'Espagne, la clématite, etc.

Une *boule* est un morceau de fer poli, rond, tenant
à une baguette de fer emmanché d'un morceau de
bois. Cet outil sert à gaufrer les pétales, c'est-à-dire
à les creuser uniformément.

On a un coussin carré rempli de son, on prend quatre pétales que l'on tire en biais sur tous sens, on les
pose sur le coussin, puis on les gauffre en appuyant
la boule dessus en commençant sur les bords du pétale, puis en ramenant la boule vers le milieu. Pour
bien gaufrer, il faut tenir la boule de la main droite
inclinée vers l'épaule, puis maintenir les pétales avec
la main gauche, l'onglet des pétales vers soi. Pour

faire de jolies gaufrures *à la pince*, il faut avoir des pinces fortes, c'est-à-dire solides mais très-souples.

Les pinces dites bruxelles sont les seules propres à cela.

Il s'agit donc de tenir ses pétales (toujours par quatre) l'onglet entre le pouce et l'index de la main gauche, puis tenir ses pinces de la main droite, c'est-à-dire à pleine main, quoiqu'avec souplesse et légèreté, puis alors, cette position prise, il faut tirailler les pétales de toute manière en les appuyant avec les pinces contre le pouce afin de leur donner la souplesse et les ondulations si gracieuses qui font tout le charme d'une fleur naturelle. Cette souplesse une fois donnée, on fait, avec les pinces, les plis et les chiffonnements qui constituent la gaufrure de la fleur que l'on a sous les yeux. Il y a quelquefois, surtout dans les roses, des pétales au cœur qui ont sur les bords des petits plis très-irréguliers et très-serrés; ceci se fait en appuyant les pétales pliés en deux sur la longueur dans le fond de la main gauche, la tête du côté du pouce et l'onglet arrêté et soutenu avec le petit doigt que l'on replie dans la main; puis alors, avec les pinces, on fait ces petites gaufrures que doit avoir le pétale, puis on l'ouvre, et en ouvrant un peu les pinces, on les tire dans le milieu du pétale, en appuyant, et on le finit en roulant les bords. Le roulé consiste à faire jouer les pinces très-doucement sous le bord du pétale, le pouce dessus pour bien renverser en dehors. Surtout ne pas faire cela avec raideur, car alors on ferait un très-vilain roulé et on ôterait toute la forme du pétale.

LEÇON DIX-NEUVIÈME.

Moulage.

On prend un sept cotonné, on apprête une mèche le coton (premier choix) bien effilée; on pose le bout de cette mèche sur le bout du sept, le pouce et l'index de la main gauche servant à tourner, comme je l'ai indiqué à la leçon première; ces deux objets doivent être placés en tournant le sept à la longueur que doit avoir le fruit ou le bouton que l'on fait. Pour maintenir le coton afin qu'il ne descende pas plus qu'il ne faut, en arrêtant toujours, et avec grand soin, le bas du sept entre le petit doigt et entre celui qui suit. Avec le pouce et l'index de la main droite, il faut y appuyer sur le haut du moule que l'on fait pour lui donner la forme qu'il doit avoir. Soutenant toujours la mèche de coton avec les trois doigts de la main droite qui restent libres; lorsque ce moule est à sa grosseur, on le passe dans la bouche pour unir le coton avec la langue; c'est-à-dire, que pendant cette opération, on le tourne sur le même sens que pour le moule, ensuite on le passe avec les doigts à l'empois. Puis on le laisse sécher, et ce n'est que lorsqu'il est bien sec, qu'on y met la pâte qui doit le colorer.

LEÇON VINGTIÈME.

Boutons naturels.

Pour mettre mes élèves à même de bien exécuter un bouton naturel, je vais expliquer la manière d'en faire quelques-uns.

Le bouton de jasmin est un moule qui se fait, comme je viens de le dire, hors que ce moule doit être allongé, puis à la suite de ce petit moule, on en fait un autre plus mince montant au quart du premier et descendant en amincissant jusqu'au bas de la longueur qu'il doit avoir. Le premier moule simule les pétales, et le second simule le calice. Pour se guider pour la forme, la grosseur et la longueur, prendre un bouton naturel.

Ces moules finis, on les passe à l'empois, puis lorsqu'ils sont secs, il faut mettre sur le premier une application de pâte bien blanche (voir l'article des pâtes), puis sur le second, figurant le calice, une application de pâte légèrement déblanchie. Cette opération se recommence deux ou trois fois, en ce qu'il faut mettre généralement chaque couche de pâte très-mince. Pour appliquer toutes les pâtes, on se sert d'un pinceau en cheveux plus ou moins gros, suivant la grosseur du bouton. Le bouton du jasmin d'Espagne se fait de même que le précédent, hors qu'on rougit légèrement un côté de la partie représentant les pétales avec une éponge sur laquelle il y a du rose vé

tàl. Pour ces deux boutons, lorsqu'ils sont finis, on
tache à la base du calice cinq fils verts apprêtés que
l'on frise un peu en les passant dans les pinces.

LEÇON VINGT-UNIÈME.

Bouton de Grenade.

On fait d'abord un moule presque rond que l'on
coupe en huit côtés avec un fil que l'on passe toujours en croix jusqu'à ce que cela forme huit côtés
distinctifs, on fait un second moule entrant un peu
sur le premier ; celui-ci est presque ovale, mais assez
court (voir un bouton naturel), le passer à l'empois
lorsqu'il est sec, le colorer avec une pâte rouge dans
laquelle on ajoute un peu de vermillon. Le bouton
fini, passer dessus, avec un pinceau, de la gomme
premier choix pour donner le brillant qu'a ce bouton.

Calice de Grenade.

On prend une mèche de coton grosse comme deux
doigts, on l'attache en la serrant fortement par le
milieu avec deux fils de fer, ensuite on réunit ces
deux mèches que l'on empreint bien d'empois en les
passant dans les doigts à plusieurs reprises. Il faut
avoir bien soin de presser le bas du calice plus fortement que le haut, devant naturellement être plus étroit
(voir un naturel) en cette partie. Ceci fait, on laisse

sécher, puis on met la première couche de pâte; celle-ci à demi-sèche, on coupe le calice avec des ciseaux à la longueur qu'il doit avoir, puis on sépare le haut en cinq dents égales, pointues dans le haut, ensuite les deux autres couches de pâte et de gomme.

Vider le coton. — Il faut observer que quelquefois les boutons et calices de grenade ne sont pas d'une nuance unie, dans ce cas mettez une pâte plus vermillonnée d'un côté, et de l'autre une pâte plus jaunâtre. S'en rapporter à la nuance naturelle.

Calices et boutons d'œillets.— Le même procédé que pour les calices de grenade. Le calice fendu aussi dans le haut en cinq dents. Pour les boutons, faire la mèche assez courte pour que l'on n'ait qu'à l'unir avec les ciseaux, après avoir serré fort le coton par le bout avec les doigts.

LEÇON VINGT-DEUXIÈME.

Bouton de Renoncule.

Faire un tampon de coton bien rond, grosseur naturelle; l'enfermer dans de la gaze verte, l'attacher fortement; puis, avec du fil noir que l'on passe au travers de cette boule, faire deux pointes en croix; bien tirer, afin que cela fasse faire un creux sur le haut de la boule, y attacher un sept cotonné; ensuite y appliquer une couche de pâte vert tendre. Rougir légèrement autour avec une éponge, puis une faible couche de gomme, y mettre un calice à cinq folioles.

Bouton de Dahlia.

Enfermer une boule de coton dans de la gaze
nme le précédent, couper cette boule avec de la
e passée en huit dessus, serrer de manière à former
côtés. Une couche légère de pâte vert tendre.
Rougir autour, passer à la gomme, y mettre un ca-
e uni en gaze apprêtée à cinq folioles ; puis un se-
nd calice en percale verte aussi à cinq folioles pin-
es avec les doigts, et retournées en dessous de manière
ie le bout pointu de la foliole touche presque la tige
t bouton.

Bouton de rose trémière.

Mouler avec les doigts et la bouche un moule très-
nd au bout d'un sept cotonné, le passer à l'empois,
ant sec le passer à la pâte verte, cette pâte encore
i peu molle. Faire cinq côtes au bouton, ceci con-
ste à pincer le bouton en cinq endroits égaux avec
s pinces ; ces côtes doivent partir du haut du bouton
squ'à moitié. Passer encore en deux fois à la pâte
irte ; en passant la dernière fois, on jette dessus le
iuton de la laine hachée à la mécanique, de même
ir la tige du bouton.

Bouton de chèvre-feuille.

Moule allongé, plus gros du haut que du bas et in-
iné avec les doigts. Au bas un petit moule rond passé

à la pâte déblanchie pour le blanc ; et pour le rose, à
la pâte rose tendre, rayé sur la longueur de rose plus
vif.

Bouton de Lilas.

Enfermer une petite boule de coton dans de la
gaze, le couper en quatre avec de la soie même
nuance que la gaze ; passer la tige du bouton qui se
fait avec de la cannetille fine cotonnée, comme un
sept à la soie. Les boutons de lilas se font avec de la
gaze verte pour l'extrémité des piquets formant la
branche, puis blancs ou violets, suivant la nuance du
lilas, pour placer au-dessous des boutons verts.

Bouton de fuchsia.

Faire un moule de coton pointu du haut, large du
bas, le fendre en six avec de la soie ; faire au dessous
un petit moule rond tout petit, et enfin sous celui-ci
un troisième petit moule allongé, plus gros du haut
que du bas ; mettez le tout à la pâte même nuance
que doit avoir le fuchsia, et passez légèrement à la
gomme. Puis attacher tout près du dernier moule,
ou plutôt enfermer sous ce moule avant de le faire,
un bout de soie ronde ou cordonnet même nuance ;
ce bouton une fois sec, coupez le sept ou la cannetille sur lequel il a été moulé ; puis l'attacher au bout
de soie, de manière à ce que ce dernier ne conserve
qu'environ un millimètre de longueur, ce qui suffit
pour donner au bouton la flexibilité qu'a le fuchsia
naturel. Ensuite passer au papier très-étroit.

LEÇON VINGT-TROISIÈME.

Bouton de Laurier.

A peu près comme le précédent, hors qu'il est uni, qu'on le laisse sur le sept sur lequel il a été moulé et qu'il doit être de trois nuances : d'abord à la pâte blanche, ensuite à la pâte rouge jusqu'à l'endroit où il s'éclaircit, et brun au bas du dernier moule ; ce brun doit être posé en forme de calice figurant cinq dents sur le blanc.

Bouton de Clématite.

Faire un petit moule de coton sur cannetille très-fine, le passer à l'empois, comme vous devez faire à toutes ces sortes de choses, bien que je ne le dise pas chaque fois, lorsqu'il est sec le passer à la pâte déblanchie, à moitié sec y faire quatre côtes distinctes avec les pinces, puis mouler dessous un imperceptible petit moule rond. Passer le tout à la pâte déblanchie une ou deux fois encore si cela est nécessaire, puis roser légèrement le bout avec une éponge et passer à la gomme.

LEÇON VINGT-QUATRIÈME.

Bouton de Lys. (Pl. 1. fig. 6.)

Faire trois moules longs et assez minces, un peu
plus minces du haut et du bas que du milieu ; pour
la grosseur voir un naturel. Les passer à l'empois,
lorsqu'ils sont bien secs, les attacher fortement par le
haut avec de la soie à un sept assez fort. Renverser
les trois moules en dehors, bien entendu l'attache en
dedans, les presser fortement l'un contre l'autre, de
manière à ce que ces trois moules paraissent n'en
former qu'un en trois côtes très-formées, les réunir
dans le bas au sept qui les traverse dessous, faire un
petit moule rond, puis passer le tout à trois couches
de pâte très-blanche.

Boutons de Rose. (Pl. 3, fig. 18.)

Couper des petits morceaux de mousseline en pointe
de fichu plus ou moins grands, selon la grosseur du
bouton, les tremper de la nuance que vous désirez,
toujours plus vive que ne doit être la fleur épanouie
qui doit aller avec ; plier dans ses doigts un morceau
de coton en laine plus pointu d'un bout que de l'autre, placer le coton la pointe en haut, c'est-à-dire vers
la main droite sur le biais de la pointe de fichu que
l'on tient de la main gauche, replier cette pointe sur

coton exactement de la même manière que l'on
fait les papillottes de cheveux ; la mousseline tirée de
manière que le bouton soit très-uni dessus et très-
dur ; remonter le coton avec les pinces avant d'attacher la mousseline, afin que le dessous soit fait carré-
ment, couper la mousseline réunie en biais pour que
l'attache ne soit pas trop grosse, y mettre un sept pas
trop gros, suivant la pesanteur du bouton.

Il faut aussi observer que votre mousseline soit
trempée de manière à ce que le bout du bouton
d'un côté soient plus pâles que l'autre côté et que le
bas. Pour finir ce bouton, il faut y poser le calice.
Les calices des roses comme des boutons se composent de cinq lanières ou folioles allongées que l'on
nomme araignes ; ces araignes doivent être boulées,
ensuite en attacher sous le bouton avec de la soie et
fixer dans le haut avec de la pâte ordinaire ; puis
ajouter dessous ce que nous appelons véritablement
le calice, et qui, au naturel, n'est autre chose que la
continuation des araignes. Les araignes se font en
percale apprêtée verte ou brune, quelquefois nuancées. Les roses à cent feuilles doivent avoir trois araignes avec griffes et deux unies. Les roses du Bengale,
c'est-à-dire toutes les roses dont le feuillage est pointu
au bout, ont des araignes sans griffes. Le calice est
un petit moule de coton allongé, monté sur de la paille
et recouvert de pâte verte. On le vide lorsqu'il est
retiré de dessus la paille. Il doit être pointu d'un bout
et large et ouvert de l'autre bout.

LEÇON VINGT-CINQUIÈME.

Bouton d'Acacia.

Même façon que le bouton de rose, mais aplati sur les côtés en le prenant dans les doigts, puis y mettre un calice à quatre folioles. Ce calice se fait en mousseline déblanchie. Rougir les bords, les plier par le milieu, coller le dos des quatre folioles contre le bas du bouton ; les huit bords des quatre folioles forment alors quatre côtes pointues que l'on pince avec le pouce et l'index de chaque main ; en même temps soutenir la queue du bouton entre les deux derniers doigts de la main gauche.

Bouton de Pavot.

Enfermer une boule de coton dans de la gaze verte. Il faut couper en deux avec de la soie verte, mettre un sept cotonné un peu gros pour faire la tige, le passer au papier, passer le tout deux fois à la pâte verte ; à la deuxième couche, lainer avec de la laine blanche hachée à la mécanique. Ce même bouton, coupé par le haut avec des ciseaux et le coton sorti de dedans, sert de coque pour le boutons ouverts. On remplace le coton par des pétales dont on laisse sortir la fri-sure.

Les boutons et coques de coquelicot se font de même.

rs qu'en place d'une boule c'est un moule allongé
e l'on reploie en deux pour obtenir la forme ovale
a le bouton naturel de cette fleur.

Je crois avoir donné assez de détails sur différentes
rtes de boutons et sur les différentes manières de les
briquer, pour que mes élèves puissent en faire de
ute espèce, ayant le modèle naturel sous les yeux
ur la forme et la nuance.

LEÇON VINGT-SIXIÈME.

FABRICATION DES FLEURS.

Le Lilas.

Pour qu'une branche de lilas soit jolie, il faut trois
andeurs de pétales, puis les boutons ouverts, qui se
nt avec la plus petite des trois grandeurs de pétales ;
fin, les boutons fermés ; deux nuances dont nous
vons parlé plus haut.

Les trois grandeurs de pétales se gaufrent de la
ême manière ; on pose les pétales toujours par qua-
e sur le coussin, et avec une petite boule on fait
n cercle très-marqué sur les bords des quatre parties
u pétale, ce qui fait une très-jolie gaufrure.

Pour supporter ce pétale, on fait un tube avec de
mousseline déblanchie ; il s'agit, pour faire ces
bes, de couper de la mousseline longueur et largeur
u dessin n° 1, et dé rouler ce petit morceau dans les

doigts très-droit jusqu'à ce que cela fasse un petit tuyau très-serré que l'on nomme tube; on passe ce tube dans le petit trou qui se trouve au milieu du pétale jusqu'au bord en les fixant l'un à l'autre par un peu de pâte. Ensuite on met un peu de pâte, très-peu, avec la queue des pinces dans le milieu du pétale, puis on y jette un peu de semouille jaune, ce qui figure le pistil de la fleur. Cette semouille est de la semouille ordinaire que l'on teint avec du jaune à la terra-merita. On place la semouille sur une feuille de papier buvard, on verse du jaune dessus puis quelques gouttes de jus de citron; on la mêle en la frottant très-fort entre les deux mains, puis on la laisse sécher.

Revenons à notre lilas.

Les boutons ouverts se font avec la plus petite des trois grandeurs. Même gaufrure que pour les fleurs, seulement la boule plus appuyée, afin que se formant tout-à-fait, cela figure le bouton.

LEÇON VINGT-SEPTIEME.

Jasmin. (Fig. 2.)

Les pétales de jasmin sont généralement gaufrés à la presse, mais je trouve aussi naturelle la gaufrure à la boule. On plie d'abord ce pétale en deux en tirant de manière à ce que les bords, comme je l'ai dit à l'article découpage, soient d'un bon biais, se trou-

ent allongés ; ensuite on ouvre le pétale, et le posant
ur le coussin le pli dessus, on passe la boule légère-
ient sur les bords ; avec de la mousseline déblanchie
n fait un tube (patron 3), ce tube se fait en collant
ord à bord le morceau de mousseline avec de la pâte.
uis on colle cinq pétales dans le tube près les uns
les autres. Voir une fleur naturelle.

Le cœur du jasmin se fait avec un fil apprêté, blanc,
ue l'on fixe à un sept fin avec de la soie, on met un
ieu de pâte au bout de ce fil, puis on le graine avec
le la fleur de soufre pour figurer le pistil. On passe
e sept dans le tube de manière que le bout du pistil
iorde la naissance des pétales, puis on y fixe le bas
lu tube ; à la même attache on met cinq fils verts
ipprêtés, que l'on tortille avec les pinces. Et tout pas-
ier au papier vert.

LEÇON VINGT-HUITIÈME.

Rose pompon. (Fig. 4.)

Les pétales de cette rose étant très-petits, on a dé-
cidé de faire chaque rang de pétales d'une seule pièce
(voir le patron). Les deux premiers rangs n⁰ˢ 1 et 2
sont gaufrés bien chiffonnés avec les pinces, et les
autres rangs 3 et 4 gaufrés à la boule aussi creux que
possible, chaque pétale séparément ; les trois rangs
de la deuxième grandeur ont les bords unis et droits.
Les cinq derniers légèrement retournés avec les pinces, les deux derniers plus que les autres.

On fait un cœur avec une mèche de coton vert que l'on attache en passant le sept dans le milieu, puis on réunit ces deux bouts de coton qu'on lie avec de la soie, on coupe le cœur long d'environ un demi-centimètre en pointe vers le haut, puis lorsque les pétales sont préparés, on les enfile tous ; on les fait monter, l'un après l'autre avec les pinces en les fixant d'abord au cœur, puis l'un à l'autre avec de la pâte. Avoir soin de fermer chaque rang en le pressant doucement entre les doigts ; les quatre premiers rangs doivent être placés pétales sur pétales, tandis que les six derniers doivent être contrariés, c'est-à-dire le milieu de celui que l'on pose juste en face de la réunion des deux du rang supérieur, on enfile dessous cinq araignes, pl. 1, également d'une seule pièce et gaufrées, puis un calice d'une grosseur convenable.

LEÇON VINGT-NEUVIÈME.

Œillet double. (fig. 5.)

Les pétales, au nombre de 32, se gaufrent tous de la même manière.

Les pétales posés sur l'index de la main gauche, la tête des pétales du côté de la main, on forme trois plis avec les pinces, que l'on tient toujours ensemble jusqu'à ce que les pinces soient retirées, ce que l'on fait en appuyant de manière à ce que les pétales soient bien gaufrés. Ensuite, avec les pinces, on tortille les

rds tantôt en dehors, tantôt en dedans irrégulière-
ent. Pour faire le cœur, on prend deux filets de
ume d'oie que l'on attache à un sept cotonné, puis
r l'attache on fait un petit moule de coton recouvert
e pâte verte que l'on nomme ovaire, ensuite cinq;
troisième rang les huit autres petits, puis les seize
rands pétales en deux rangs. Avoir grand soin de
ntrarier tous ces pétales. Entrer le calice dessous,
uis renverser avec les pinces les deux filets de plume
h forme d'antennes de papillon.

Au bas du calice, coller six folioles gaufrées à la
bule en deux rangs, l'un plus haut, l'autre plus bas.

Il faut remarquer que la monture de l'œillet dif-
re de celle des autres fleurs par une chose essen-
elle, c'est que les feuilles doivent être toujours atta-
hées deux par deux à la tige, et qu'à l'attache il y a
ne petite boule que l'on imite en faisant un petit
noule de coton couvert de pâte verte.

LEÇON TRENTIÈME.

Le Lys. (fig. 6.)

Les pétales de cette fleur doivent être gaufrés à la
resse, ils sont au nombre de six : trois grands arron-
is par le bout et trois plus étroits, pointus par le bout.
Voir le patron, n° 102.) Le cœur se fait ainsi : faire
rois petits moules allongés d'environ un centimètre
de long, les attacher ensemble au haut d'un sept assez

gros cotonné. Grossir cette tige (voir le lys naturel), longueur 4 centimètres ; à cette longueur mouler un ovaire mince du haut, large du bas, long de 2 centimètres ; passer le tout à l'empois ; ensuite passer l'ovaire à la pâte déblanchie ; puis faire retomber avec les pinces les trois petits moules du haut en forme de croix. Les enduire de pâte déblanchie avec un pinceau ; puis les saupoudrer avec de la fleur de soufre. Ceci est le stigmate. Enfin, attacher au bas de l'ovaire six étamines faites ainsi, prendre deux filets de plume d'oie, les fixer à un petit fil de fer cuit, fin, que l'on passe jusqu'au bas avec du papier serpente blanc. On enferme l'extrémité de ce filet de plume entre deux petits pétales de mousseline jaune collés ensemble. Une fois sec, on enduit ce double pétale de pâte ordinaire, mais légèrement, et on le saupoudre de gomme-gutte en poudre.

On attache d'abord les trois grands pétales, ensuite les trois petits contrariés ; à l'attache, faire un petit moule rond passé à la pâte déblanchie et rosé légèrement avec l'éponge. Les boutons se font ainsi : trois pétales (voir la figure 6, bouton de lys), faire, au milieu avec les pinces, un pli fortement marqué, puis creuser les deux côtés avec une boule à l'envers du pli ; faire un moule allongé, longueur du pétale. Coller ces trois pétales sur le moule, bord sur bord, avec de l'empois, de manière à faire un bouton très-allongé. Au bas faire le même moule rond qu'aux fleurs. Pour la monture de la branche, il faut ajouter une foliole allongée à chaque bouton et à chaque fleur. Pour

.ufrer cette foliole, on tient le bas de la main gauche,
iis on pince le haut avec le pouce et l'index de la
ain droite en la renversant en arrière. Cette foliole
iit être en mousseline déblanchie, ombrée de rose
rec une éponge dans le haut. Une branche, pour
re·belle, doit avoir six boutons fermés de deux gros-
urs, six ouverts aussi de deux grosseurs, trois ou
iatre fleurs. La tige grosse et garnie de folioles jus-
l'en bas. (Voir une branche naturelle.)

LEÇON TRENTE-UNIÈME.

Rose (cent-feuilles.) (fig. 7.)

La rose à cent feuilles la plus connue et la plus or-
naire se fait ainsi : le cœur est une mèche de coton
irt assez grosse. Même procédé que pour la rose pom-
m. On attache autour de ce cœur quatre bouillottes.
ne bouillotte est un carré de mousseline trempé de
 nuance de la rose d'environ 4 centimètres carrés ;
iur leur donner la forme, on réunit les quatre coins
 manière à ce que le milieu forme la boule ; puis,
rec les pinces, on enfonce ce milieu en le toriillant
 peu. Entre chaque bouillotte on attache un petit
iquet de fil jaune apprêté ; ces fils doivent passer au-
issus des bouillottes d'un demi-centimètre, on les
iarte avec les pinces, puis on les graine de la se-
iouille jaune.

Les pétales du cœur sont au nombre de 40 : 8 pe-

tits, 16 moyens et 16 grands, tous gaufrés à la pince,
de la manière que j'ai indiquée à l'article gaufrage;
on commence par coller les petits deux par deux, côté
à côte sur chacune des quatre bouillottes; ensuite les
seize moyens en commençant par un entre les deux
petits, puis deux, puis un; les seize grands, quatre
sur chaque paquet déjà collé. Lorsque ce cœur est sec,
on le resserre avec un fil de fer mis en rond, afin de
donner à la rose cette forme ronde qui lui est naturelle. Les pétales de l'extérieur sont au nombre de
quarante-huit : les dix premiers doivent être boulés très
profondément; pour faciliter, on fait un pli dans le bas
du pétale vers la queue, boulés très-unis sur les bords
en ce qu'ils doivent entourer, pour ainsi dire fermer
le cœur; ils doivent être collés par cinq côte à côte,
c'est-à-dire le tiers de celui qu'on pose sur celui que
l'on vient de poser, autour du cœur et à la même hau-
teur; le restant des pétales boulé assez creux aussi et
les bords retournés très-peu pour les premiers rangs,
et plus pour les rangs inférieurs; descendre chaque
rang imperceptiblement. Les deux rangs qui suivent
les deux premiers doivent avoir six pétales chacun,
le reste par sept à huit au rang, cela dépend. Dans le
nombre, il y en a trois pour placer tout-à-fait dessous,
qu'il faut tremper cerise, puis mettre les araignes au
nombre de cinq, dont deux sans griffes, et trois avec
griffes. (Voir les patrons à la planche 1re.) La rose
finie et sèche, on retire le rond de fil de fer.

LEÇON TRENTE-DEUXIÈME.

Rose mousseuse. (fig. 18.)

A peu près la même façon que la précédente et même nuance. Seulement les pétales plus petits et en moins grand nombre (voir le patron, figure 18). Pas d'étamines au cœur, puis en place d'araignes, mettre les araignes mousseuses.

Ces deux espèces de rose sont très-jolies en blanc posé.

Rose noisette. (fig. 13.)

Cette rose est d'un blanc rosé très-tendre. La gaurure est la même que les précédentes, le cœur aussi est avec étamines. La façon diffère dans l'entourage. On ne met quelquefois que trois bouillottes, ce qui ne fait que trois paquets.

Autour de chacun des quatre paquets du cœur, on place trois pétales moyens boulés, légèrement retournés ; le premier placé de manière à entrer dans l'intérieur, afin de séparer les paquets les uns des autres. Ensuite on pose un pétale sur chaque creux que forme le premier pétale posé, ce qui fait quatre ; puis seize boulés et retournés plus grands, en deux rangs de chacun huit ; dessous cinq araignes sans griffes.

Lorsqu'on veut que cette rose soit moins ouverte, on met un rond de fil de fer avant de poser les deux derniers rangs, puis on le retire lorsque la rose est sèche.

LEÇON TRENTE-TROISIÈME.

Rose Bengale. (fig. 14.)

Tous les pétales boulés très-unis, ceux du cœur retournés d'un côté seulement, observer que cela soit
du côté qui doit être posé sur le précédent; ceux d'a-
près retournés des deux côtés, un joli roulé large. Le
cœur en coton vert, puis on a un petit rond de carte
percé par le milieu, dans lequel on entre le cœur de
coton, on met sur le petit rond de carte de la pâte vert
tendre; puis lorsque cette pâte est sèche, on place
des étamines en fil jaune tout autour, que l'on graine
avec de la semouille jaune. On les rougit légèrement
avec l'éponge lorsque la graine est sèche. Avec les
pinces on rapproche les fils du haut vers le cœur;
puis on place les pétales assez irrégulièrement. Voir
un modèle naturel pour faciliter pour le nombre et la
forme. (Voir aussi le patron, figure 14). Cinq araignes
unies.

Pour les roses thé, fig. 12, voir les modèles naturels.
Ces roses sont très-irrégulières, et il y en a une quantité innombrable. Je mettrai les patrons d'une espèce,
afin de faciliter un peu. Ce patron est celui de la rose
dite gloire de Dijon. Les cœurs sont généralement sans
étamines, mais toutes ont de grosses et belles bouillottes, souvent au nombre de trois. Les pétales de l'extérieur très-grands, tous gaufrés à la pince et un
roulé large.

Rose des quatre saisons. (fig. 16.)

Cette rose est ainsi nommée, parce qu'elle fleurit
presque toujours. La gaufrure est la même que celle
de la rose à cent feuilles, même cœur. Cette rose est
très-ouverte, presque plate, tous les pétales de l'extérieur retournés, le premier rang placé trois par trois
sur chaque paquet, de manière qu'elle ait quatre parties bien distinctes, et chacune de ces quatre parties
doit avoir la nuance spéciale : une pâle, une plus
foncée, et ainsi de suite.

Pour la forme et la quantité, voir les patrons, fig. 16,
1. 2.

LEÇON TRENTE-QUATRIÈME.

Rose de haie. (fig. 10.)

Le cœur de cette rose si légère et si gracieuse se fait
comme celui de la rose bengale.

Les pétales, au nombre de cinq, doivent être doubles ; pour les doubler, voici ce que l'on fait : on
prend deux pétales exactement pareils, on met de
l'empois tout autour de l'un des pétales, puis on applique l'autre dessus, on appuie avec un petit tampon
de mousseline ; ceci doit se faire sur un morceau de
verre très-propre. Pour que cette fleur soit achevée,
il faut la féculer ; ceci consiste, lorsque les pétales

doublés sont secs, à les enduire légèrement d'empois
avec un pinceau-brosse, puis, avec un autre pinceau-
brosse, on saupoudre tout le pétale de fécule de
pomme de terre premier choix; si les pétales sont
roses, on doit mêler de la crême de tartre dans l'empois.

Cette opération terminée, on boule les pétales, on
y fait un joli roulé, ensuite on prend un calice d'une
grosseur convenable, c'est-à-dire que l'ouverture soit
aussi large que le rond de carte; on colle les araignées
bien boulées autour du calice, puis les cinq pétales.
Lorsque cela est sec, on y met le cœur, puis on passe
au papier (voir les patrons).

Rose capucine. (Fig. 15.)

Exactement comme la précédente, hors que le pétale
touchant au cœur doit être carminé sur pétale jaune,
à l'exception de l'onglet qui doit rester jaune et le
pétale de dessous tout jaune.

LEÇON TRENTE-CINQUIÈME.

Dahlia. (Fig. 8.)

Cette fleur doit avoir sept grandeurs de pétales et
seize pétales de chaque grandeur, tous gaufrés les
uns comme les autres. Il s'agit simplement de faire
avec les pinces deux plis en biais sur le haut du pé-

e, ensuite il faut rapprocher les deux bords du
ale l'un sur l'autre, de manière à ce que cela forme
tuyau fermé du bas, évasé du haut ; on fait une
ule de coton enfermé dans de la gaze verte, on place
iq pétales de la plus petite grandeur l'un contre
utre, les cinq têtes rapprochées sur le haut de la
ule, au second rang, le reste des seize petits, puis
s six grandeurs qui restent, on en fait six rangs.
ur qu'un dahlia soit bien naturel, il doit y avoir
is chaque pétale une petite foliole en gaze verte
prêtée, puis dessous le même calice qu'au bouton
issant.

LEÇON TRENTE-SIXIÈME.

Renoncule. (Fig. 11.)

Cette fleur doit avoir six grandeurs de pétales et
agt-quatre pétales à chaque grandeur. Tous les pé-
es ont la même gaufrure, il faut les bouler assez
eux et très-unis, puis, avec les pinces, former un
tit pli sur le haut du pétale, puis rouler seulement
côté du pétale qui doit être posé sur l'autre ; le
it collé sur un moule recouvert de pâte verte un
u allongée, au haut duquel on met avec de la pâte
petit rond de poudre de chasse ; il faut poser d'a-
rd cinq pétales de la petite grandeur, que le haut
pétale borde le haut du moule, mais que les cinq
ient assez rapprochés pour ne laisser voir qu'un

soupçon de noir ; au second rang, mettre le reste des
petits pétales, puis ensuite former un rang de chacunes
des autres grandeurs ; le calice est une espèce d'étoile
à cinq folioles. (Voir les patrons.)

LEÇON TRENTE-SEPTIÈME.

Grenade. (Fig. 9.)

40 pétales de même grandeur, de même forme, de
même gaufrure. On ploie le pétale en quatre, puis
avec les pinces on fait une multitude de petits plis
retombant les uns vers les autres du côté où se trouvent les bords du pétale, de manière à ce qu'il se
trouve très-chiffonné. Les pétales gaufrés, on les retire
les uns des autres, en évitant de les dégaufrer, on
attache sept pétales à un sept ordinaire cotonné, puis
on fait cinq piquets de chacun cinq pétales que l'on
attache autour des sept premiers. Ensuite, on colle
dessous les huit pétales qui restent. Mettre le calice

Le bouton fleuri est un piquet plus ou moins gros
que l'on entre dans un calice.

LEÇON TRENTE-HUITIÈME.

Pensée. (Fig. 20.)

Cette fleur est composée de cinq pétales, deux en
velours de soie et trois en mousseline épaisse, quel

uefois même en percale. Les deux en velours doivent
tre d'un beau violet, les trois de mousseline ou per-
ale doivent être d'un joli jaune ou lilas nuancé. Ce
ui remplace l'onglet dans la pensée, est une jolie
anachure faite sur les trois pétales jaunes ou lilas;
l y en a de différentes dispositions. Voir une fleur
naturelle.

Les cinq pétales se gaufrent avec les pinces. On fait
un tout petit moule de coton que l'on passe à la
gomme-gutte en poudre; puis on attache les pétales
en commençant par celui de devant que l'on place
sous le petit moule que l'on a dû courber en devant;
puis les deux des côtés, et enfin les deux de derrière.
On coupe trois petits morceaux de velours blanc de
la longueur d'un quart de centimètre sur un millimètre de largeur; on place ces trois petits morceaux
en triangle autour du petit moule jaune, de manière
à ce que les deux placés sur les pétales des côtés, se
rejoignent en pointe vers les deux pétales de velours;
puis on met le calice.

LEÇON TRENTE-NEUVIÈME.

Chèvrefeuille. (Fig. 19.)

Cette fleur est composée d'un seul pétale en cornet.
(Voir le patron.) Les cinq dents se gaufrent avec une
boule, on le ferme en collant les deux bords ensemble,
le pétale retourné en dehors, de sorte que les quatre

dents du haut retombent en arrière et la cinquième
en devant. On attache six fils ensemble ; l'un plus long
qui figure le pistil, et cinq plus courts qui figurent les
étamines. Tous sont grainés à la gomme-gutte. Au bas
du pétale, il y a un petit moule passé à la pâte déblanchie.

LEÇON QUARANTIÈME.

Mère de famille. (Fig. 21.)

Cette jolie petite fleur est très-facile à imiter. La
gaufrure consiste simplement à pincer tous les petits
pétales ou lanières, entre le pouce et l'index de la
main droite. Tous vos pétales préparés, vous attachez
les trois plus petits ronds que vous avez tamponnés,
c'est-à-dire rapprochés, tous les petits pétales les uns
vers les autres ; ces trois-là une fois attachés pour
former le cœur, vous enfilez tous les autres l'un après
l'autre en les fixant d'abord au cœur, puis ensuite
l'un à l'autre avec un peu de pâte.

La pâquerette des champs se fait de la même manière ; hors qu'il y a un cœur qui se fait ainsi : vous
fixez un petit rond de carte et un petit fil de fer, vous
posez dessus de la pâte jaune, épaisse. Vous piquez
vos cœurs dans du sable pour qu'ils se tiennent bien
droits, que la pâte n'aille pas plus d'un côté que de
l'autre. Cette pâte à demi-sèche, vous appliquez dessus
un morceau de tulle fin, vous serrez le tulle en dessous

rond de carte de manière à ce que la pâte passant
travers des trous, cela forme ces petites sinuosités
i existent dans le cœur de la pâquerette naturelle.
Les petites fleurs fantaisie, dont j'ai mis quelques
trons, fig. 25, se gaufrent à volonté, c'est le goût de
rtiste qui en décide. On fait souvent le cœur en soie
rue ou en fil apprêté, grainé aussi de la nuance que
m veut.

Je pense en avoir dit assez sur les différentes fleurs,
nt l'explication précède, pour que mes élèves puis-
nt réussir, ayant un modèle naturel devant elles;
iis surtout, et je ne saurais trop leur recommander,
la persévérance et une ferme volonté de réussir.

MONTAGE DE FLEURS.

Ceci consiste plus dans le bon goût de l'artiste que
ins des leçons; seulement, j'indiquerai de quelle
anière il faut s'y prendre.

Il faut généralement remarquer comment est la tige
e la fleur que vous montez. Les unes sont unies, les
itres épinées, les autres enfin sont lainées.

Ainsi la tige du dahlia, de la renoncule, du jasmin,
es roses thé ou bengale, etc., etc., est unie; or donc,
our que cela soit joli, voici ce qu'il faut faire : Cha-
ue bouton, feuille ou fleur que vous posez, il faut
attacher avec de la soie pour que cela soit plus so-
de; ensuite vous passez au papier vert pâle et vous
ecommencez ainsi d'attache en attache. Votre branche

finie, vous avez de la gomme très-claire, et, avec un
pinceau, vous passez une couche très-légère tout le
long : cela donne le brillant et l'uni du naturel. Si la
tige est verte, vous mettez la gomme pure ; si, au
contraire, la tige est rose ou brune, vous mettez du
rose ou du brun dans la gomme. (Voir les tiges naturelles.)

Si la tige est épinée, comme dans certaines fleurs, la
rose à cent feuilles, etc., etc., etc., vous prenez du
crêpe vert que vous coupez en biais (largeur des
bandes, environ un centimètre et demi), vous passez
dans vos doigts, afin qu'il s'effile bien, et vous tournez
avec, comme vous faites avec du papier. Si la tige est
rougie, vous prenez un pinceau-brosse ou une éponge,
et à mesure que vous montez vous rougissez votre crêpe
en appuyant légèrement, pour ne pas coucher les petites épines que forme le crêpe.

Si la tige doit être lainée comme la tige du pavot,
du coquelicot, du géranium, de la rose trémière, vous
prenez de la pâte verte ou brune, suivant la nuance
de la tige, vous l'appliquez très-légèrement avec un
pinceau sur votre tige, que vous avez dû passer au
papier avant, puis vous jetez sur cette application de
pâte, pendant qu'elle est mouillée, de la laine hachée
à la mécanique.

Vos branches doivent être montées souples, surtout
pour montures de chapeau ou coiffure en cheveux ;
pour cela vous vous servez de sept très-fins cotonnés,
vous en ajoutez de plus forts à mesure que votre
branche devient plus lourde. Il arrive, lorsqu'on monte

s jolies traînasses si souples, si gracieuses, qui doi-
nt servir à s'échapper d'une coiffure ou garnir une
be de bal, de les monter sur un sept fin, comme un
eveu cotonné et même (je l'ai fait) sur un fil ap-
êté. C'est difficile, j'en conviens, mais là où il n'y a
s de difficultés à vaincre, il n'y a pas de mérite.

Je n'ai pas parlé de la confection des feuillages, en
que cela est une folie d'avoir tout ce qui faut pour
faire; ceci est une chose en dehors de la fleur, qu'il
ut laisser à ceux qui s'en occupent spécialement, et
i, eux aussi, les font d'après nature.

Il y a dans Paris des maisons qui ont la spécialité
vendre tout faits les articles ci-après :

Les feuillages tout-à-fait perfectionnés.

Feuillages fins, mais un peu plus ordinaires.

Les apprêts en général.

Les fils de fer, laitons, de soie, de coton, etc., bou-
s à gaufrer, pinces ordinaires, ciseaux.

La soie fine, grosse et toutes nuances.

L'EMBLÊME DES FLEURS.

J'ai pensé être agréable à mes élèves en leur apprenant l'emblême de chaque fleur.

Qui en ce monde n'a pas un père, une mère, un frère, une sœur à qui on est si heureux de souhaiter la fête; jour consacré au bonheur et à la réunion de toute la famille! Qui n'a pas une amie à qui donner un souvenir! Quel plus joli cadeau peut-on faire qu'un bouquet fait par soi; composé de fleurs dont l'emblème est analogue aux goûts de la personne à qui on l'offre; l'emblême aussi des sentiments que l'on a pour elle! langage muet et tendre qui va au cœur, et souvent y fait naître de doux sentiments qui ne s'effacent jamais.

Qui ne connaît pas le triste et doux langage de la pensée : séparation, souvenir! L'éloquent et tendre langage de cette délicieuse petite fleur que l'on nomme myosotis : Souvenez-vous de moi; plus je vous vois, plus je vous aime. Celui enfin de la simple violette et du lierre : Attachement, amitié éprouvée. Je meurs où je m'attache. Tant d'autres jolies choses que mes élèves apprécieront elles-mêmes en lisant la longue liste qui suit. Ainsi qu'y a-t-il de plus gracieux à offrir pour une fête qu'un bouquet à surprise.

Il est rond, et renferme une boîte dans laquelle on dépose le cadeau que l'on veut offrir. Voici comment on fait pour faire tenir une boîte dans les fleurs : on la prend petite, ronde en carton ; on passe au travers du fond deux fils-de-fer cuits, assez gros, on réunit en dessous les quatre bouts qu'on lie fortement avec du laiton, puis on passe au papier comme une tige de fleur ; on fait des trous dans le milieu et autour du couvercle de la boîte ; on a les branches de fleurs toutes montées, on commence par fixer la fleur du milieu, puis ensuite celles du tour ; pour fixer les branches on les passe dans les trous, on les fixe en dedans du couvercle en les attachant les unes aux autres ; ceci terminé, on colle du papier blanc dans la boîte et dans le couvercle pour cacher les attaches des fleurs, on replace le couvercle sur la boîte, et on termine son bouquet en attachant un rang de branches autour de la boîte, puis un rang de feuilles. Cela imite tout-à-fait les bouquets de fleurs naturelles. Les branches de fleurs doivent être assez rapprochées les unes des autres pour qu'on ne voie pas du tout la boîte, puis on met un papier à dentelle autour.

Dans un des trous du couvercle, on a soin de placer un fil-de-fer entouré de papier vert, qui doit servir à le lever.

On fait aussi des fleurs à surprise. Il s'agit d'abord d'employer pour cela une fleur double telle qu'une rose, un dahlia, une renoncule, une grenade, un œillet, etc. Cela est très-facile à faire ; on colle la moitié des pétales sur le couvercle, et l'autre moitié autour

la boîte, de sorte que le couvercle placé sur la
te, cela a tout-à-fait l'air d'une fleur naturelle; et
boîte étant fixée à des fils-de-fer comme je l'ai dit
s haut, on peut monter cette fleur en branche avec
boutons et des feuilles; c'est naturellement ce qui
complète le charme. Ainsi, il est facile de renfer-
r dans une fleur un joli bracelet, une bague, une
e broderie, que sais-je? Il y a tant de belles choses
font plaisir à offrir et qui sont acceptées avec bon-
r.

NOMENCLATURE DES FLEURS

EC LES DIFFÉRENTS SENTIMENTS DONT ELLES SONT
LE SYMBOLE.

A

hea,	Douceur.
sinthe ou citronnelle,	Peines de cœur.
cia,	Amour platonique.
nthe ou Branche Ur-ine,	Culte des beaux-arts.
nit,	Crime.
nide d'été,	Souvenir tendre et douloureux.
xa musqué,	Faiblesse.
avé,	Prudence.

Aloës bec de perroquet,	Confusion.
Amaranthe,	Constance.
Amaryllis,	Très-belle je brille.
Ananas,	Perfection.
Ancolie,	Folie.
Anémone,	Abandon.
Angélique,	Esprit mélancolique.
Amandier,	Douceur, vigilance.
Anthémis,	Contre-temps.
Arrête-bœuf ou bugrane,	Entraves.
Aristoloche,	Tyrannie.
Argentine,	Naïveté.
Arum gobe-mouche,	Piège.
Arum feuilles en cœur,	Ardeur.
Asphodèle,	Regrets ineffaçables.
Aster,	Eloquence.
Aubépine,	Doux espoir.

B

Baguenaudier,	Prodigalité.
Balsamine,	Impatience.
Barbe de Jupiter,	Puissance.
Bardane,	Importunité.
Basilic,	Pauvreté.
Belle-de-jour,	Coquetterie.

le-de-nuit,	Timidité.
oine,	Surprise, agitation.
,	Richesse.
de Turquie ou maïs,	Abondance.
et des blés,	Clarté, lumière, fidélité.
illon blanc ou malène,	Bon naturel.
le de neige,	Refroidissement.
rache,	Energie, inspiration.
ton d'or,	Raillerie.
se tremblante,	Galanterie, frivolité.
glosse,	Tromperie.
is,	Fermeté, stoïcisme.

C

oix de Jérusalem,	Dévotion.
ctus,	Bizarrerie
mara piquant,	Rigueurs.
mélia,	Durée.
momille,	Service.
mpanule,	Flatterie.
pucine,	Feu d'amour.
entaurée musquée,	Message d'amour.
hampignon,	Méfiance.
erisier double,	Premier soupir en Dieu.
hardon,	Ignorance.

Chalcédoine,	Sollicitude maternelle.
Chèvrefeuille,	Liens d'amour.
Chiendent,	Obstination.
Cigüe,	Perfidie.
Circée,	Magie, enchantement.
Ciste,	Jalousie.
Clématite bleue,	Liens.
Consoude,	Bienfaisance.
Coquelicot,	Repos.
Coquelourde,	Modestie.
Corbeille d'or,	Tranquillité.
Coriandre,	Mérite incompris.
Coronille,	Ingénuité.
Couronne impériale,	Dignité.
Crête de coq,	Perversité.
Cynoglosse,	Amitié sans pareille.
Cyprès,	Mort et regrets.
Cytise,	Dissimulation.
Ceringa,	Trop grande franchise.

D

Dahlia,	Abondance stérile.
Digitale,	Travail.
Dipsacus,	J'ai soif.
Dattier,	Grandeur d'âme.

E

lantier,	Eloquence.
héméride de Virginie,	Bonheur d'un instant.
ine noire,	Difficulté.
ine-vinette,	Aigreur.

F

guier,	Hospitalité.
nouil,	Mérite.
ugère,	Confiance.
ulsapate,	Amour malheureux.
aisier,	Délice.
amboisier,	Doux langage.
axinelle,	Vous embrasez mon cœur.
ichsia,	Amabilité.
imeterre,	Fiel.
isain,	Votre image est gravée dans mon cœur.
eur de bruyère,	Humilité.
eur de pêcher,	Constance.

G

itilier,	Chasteté.

Genet d'Espagne,	Vertus domestiques.
Genèvrier,	Consolation.
Gentiane,	Dédain.
Géranium écarlate,	Bêtise.
Géranium triste,	Mélancolie.
Gerbe d'or,	Avarice.
Giroflée,	Luxe.
Giroselle,	Recevez mes hommages.
Glayeul,	Indifférence.
Gratiole ou herbe au pauvre homme,	Humanité.
Grenadier,	Concorde.
Grenadille bleue,	Foi.
Groseillier,	Vous faites mes délices.
Gui,	Liaison dangereuse.
Guimauve,	Douceur.
Gazon,	Retenue.

H

Hélenie,	Pleurs.
Hellebore,	Bel esprit.
Héliotrope,	Amour sans fin.
Hémérocale,	Plaisir renaissant.
Houblon,	Apathie.
Houx,	Défense.

èble ou sureau,   Humilité.
rtensia,   Beauté froide.

I

                           Tristesse.
mortelle,   Constance.
omea,   Caresse.
s de Perse,   Bonne nouvelle.
raie,   Vices.
ia,   Tourments.

J

cinthe,   Aménité.
smin blanc,   Amabilité.
smin jonquille,   Sympathie.
libois,   Gentillesse.
nc des champs,   Docilité.
nquille,   Longueur d'amour.
ubarbe de toits,   Bienfaisance discrète.
jubier,   Soulagement.

K

edsoura,   Frugalité.
etmie,   Vous êtes jolie.

L

Bois-joli,	Dissimulation.
Laurier franc,	Triomphe, gloire.
Laurier rose,	Séduction.
Lavande,	Silence.
Lierre,	Amitié éprouvée.
Lilas,	Première émotion d'a--mour.
Lilas blanc,	Jeunesse.
Lys blanc,	Majesté, pureté.
Lys jaune,	Ostentation.
Liseron,	Faiblesse.
Lobélie du cardinal,	Amour du prochain.
Lunaire ou monnaie du pape,	Mauvaise paie.
Luzerne,	Eloge de la vertu.
Lichnise des champs,	Penchant invincible.

M

Marguerite ou pâquerette,	Innocence.
Marjolaine,	Consolation.
Mauve,	Amour maternel.
Mélianthe,	Hospitalité.

line,	Bons offices.
nthe,	Vertu.
lle-feuilles,	Guérison, santé.
lle-pertuis,	Oubli des peines de la vie.
gori,	Parure.
gordique piquant,	Colère.
relle cerisette,	Beauté sans bonté.
trier,	Trahison.
relle-douce-amère ou	
vigne vierge,	Franchise et sincérité.
iguet,	Retour du bonheur.
rosotis,	Souvenez-vous de moi.
rte,	Amour.

N

rcisse,	Fatuité, amour-propre.
nuphar,	Froideur.
sotiane,	Obstacle vaincu.
eveux de Vénus,	Liens d'amour.

O

illet,	Amour vif et pur.
illet mignardise,	Souvenir passager.
illet blanc,	Amour fidèle.

Œillet ponceau,	Effroi.
Œillet jaune,	Mépris.
Œillet panaché,	Inflexibilité.
Œillet de poëte,	Supériorité.
Ortie,	Hypocrisie.
Ormeau,	Discrétion.
Œillet-d'Inde,	Maturité anticipée.
Olivier,	Paix.
Onagre,	Fierté.
Oranger,	Virginité, générosité.
Oreille d'ours,	Variation.
Orobe printanier,	Besoin d'aimer.
Ophrise-mouche,	Indiscrétion.
Ophrise araignée.	Adresse.

P

Palmier,	Victoire, constance.
Pariétaire,	Misanthropie.
Pavot,	Sommeil.
Pêcher,	Plaisir d'aimer.
Pensée,	Souvenir, séparation.
Perce-neige,	Heureux présage.
Pervenche,	Amitié solide.
Phritolaca,	Bon conseil.
Pied d'alouette,	Lisez dans mon cœur.

uplier,	Tristesse.
atane,	Inconstance.
ssenlit,	Légèreté, étourderie.
voine,	La beauté est au cœur et non sur le visage.
bis de senteur,	Délicatesse.
imevère,	Cordialité.

Q

ueue de cheval,	Fécondité.
uintefeuille,	Amour maternel.

R

ose,	Beauté, amour.
— mousseuse,	Extase de volupté.
— blanche,	Candeur.
— de Provins,	Amour de la patrie.
— à cent-feuilles.	Plaisir.
— de tous les mois,	Eclat passager.
— capucine,	Fantaisie.
— jaune,	Amour conjugal.
— du Bengale.	Beauté étrangère.
Rose musquée,	Affectation.
— Pompon,	Grâce enfantine.
— Trémière,	Beauté Noble.

Fleuriste artificiel.   7

Reine-des-Prés,	Vous régnez dans mon cœur.
Réveil-Matin,	Brusquerie.
Renoncule,	Vous brillez de mille at- traits.
Réséda,	Vos qualités surpassent vos charmes.
Romarin,	Votre présence me ranime.
Ronce,	Injustice, envie.
Roseau-Aquatique.	Plaisirs champêtres.
Rue,	Bonheur domestique.

S

Safran.	Usez, n'abusez pas.
Sainfoin,	Choisissez vos amis.
Salicaire à épis,	Reproche.
Saponaire,	Vous êtes bonne à tout.
Sauge,	Estime.
Saxifrage,	Amitié.
Scabieuse,	Tristesse, deuil.
Sceau-de-Salomon,	Discrétion.
Sensitive,	Pudeur.
Serpentaire,	Que de mal n'ont pas fait vos yeux.
Soleil,	Courtisannerie, adoration.

rbier,	Prudence.
uci,	Inquiétude, jalousie.
ramoine ou Datura,	Artifice, déguisement.
ringa,	Amour fraternel.

T

mier Sceau de N. D.,	J'implore votre appui.
hym, Serpolet,	Emotion, inconstance.
èfle,	Doute.
oène,	Jeunesse.
béreuse,	Volupté.
ulipe,	Magnificence.

U

rtica,	Cruauté.

V

alériane,	Facilité.
élan ou herbe au chan- tre,	Hommage d'amour.
erge d'or,	Protégez-moi.
éronique,	Je vous offre mon cœur.
erveine,	Pureté de sentiment.

Vigne,	Ivresse.
Violette,	Attachement.
Volubilis,	Comptez sur mon dévoue-ment.

X

Xantorée,	Utilité.

Y

Yuca.	Attachement secret.

Z

Zalica	Solitude.
Zéphirante,	Inconstance.

Nota. Pour plus de détails, voir le *Manuel des Fleurs emblématiques,* de l'*Encyclopédie-Roret.*

LE PROBLÈME

DU FLEURISTE.

Essai sur les quatre règles pour tout ce qui concerne la fabrication et la vente des fleurs, suivi de la solution de chaque problème.

1. Un apprêteur a à apprêter 10 mètres de mousseline claire, 18 mètres de Nanzouk, 25 mètres de mousseline déblanchie. Combien cela lui fait-il de mètres à apprêter?

2. Un découpeur a à découper 12 grosses de roses, 5 grosses d'œillets, 20 grosses fleurettes fantaisie, grosses jacinthes simples, 14 grosses jacinthes doubles. Combien cela lui fait-il de grosses à découper?

3. Un trempeur a à tremper 6 grosses œils-de-perdrix, 17 grosses de camélias, 19 grosses boutons de roses fines, 25 grosses boutons de roses ordinaires. Combien cela lui fait-il de grosses à tremper?

4. Une ouvrière a à confectionner pour sa quinzaine grosses pensées, 10 grosses violettes de Parme, 5

grosses violettes de soie, 3 grosses bluets. Combien
cela lui fait-il de grosses à confectionner ?

5. Un panacheur a à panacher 19 grosses pétales
de Géranium, 30 grosses pétales d'anémone, 10 grosses
pétales d'œillets de Chine. Combien cela lui fait-il de
grosses à panacher ?

6. Un feuillagiste a à faire 36 grosses feuilles d'a-
zaléa, 10 grosses feuilles d'arum, 19 grosses feuilles de
nénuphar, 13 grosses d'oreilles d'ours. Combien cela
lui fait-il de grosses à faire ?

7. Un autre a à faire 11 grosses tiges de rose thé,
20 grosses tiges de rose Bengale, 12 grosses tiges de
rose chou, 10 grosses tiges d'acacia. Cette commission
lui est donnée le 5 du mois, il lui faut 12 jours pour
la faire. Combien a-t-il de grosses de tiges à faire et à
quel quantième du mois aura-t-il fini sa commission ?

8. Une ouvrière a à faire 10 grosses boutons d'o-
ranger ronds, 35 grosses boutons d'oranger longs petits, 40 gr. longs moyens, 5 gr. idem longs gros, 15
gr. idem carrés. Cette commission lui est donnée le 3
du mois, il lui faut 25 jours pour la faire, à quel quantième du mois pourra-t-elle la livrer et combien a-t-
elle de grosses à faire ?

9. Une monteuse a à monter 50 bottes de margue-
rites, 30 bottes de violettes, 19 bottes de roses, 40
bottes de camélias. Cette commission lui est donnée le
13 du mois, il lui faut 12 jours pour la faire. Combien

t-elle de bottes à livrer, et à quel quantième du mois les rendra-t-elle ?

10. Une autre a 6 parures de mariée à monter, il lui faut 12 heures pour les faire, elle commence à les monter à 7 heures du matin. A quelle heure les livrera-t-elle ?

11. Un fabricant de fruits vient de remettre à une ouvrière pour faire de suite : 15 grosses raisin blanc, 12 gr. idem noir, 15 gr. pommes d'api, 10 gr. graine de sorbier, 12 gr. idem rouge, 6 gr. graine de lierre vert, 6 gr. idem rouge, 6 gr. idem noir. On lui remet cette commission le 4 du mois de mai, il lui faut 25 jours pour la faire. Combien a-t-elle de grosses de fruits à faire, et à quel quantième du mois livrera-t-elle sa commission ?

12. Une monteuse a à monter 2 mètres de guirlandes volubilis, 5 mètres idem de lierre, 5 mètres idem roses de mai, 4 mètres idem de bluets. Il lui faut 7 heures pour les monter, on lui remet cette commission à 8 heures du matin. Combien a-t-elle de mètres à livrer et à quelle heure du tantôt les livrera-t-elle ?

13. Un apprêteur avait 50 mètres d'étoffes à apprêter, il en a rendu 27 mètres. Combien lui en reste-t-il encore ?

14. Un autre en a 127 mètres, il en a vendu 119. Combien lui en reste-il ?

15. Un autre en a 200 mètres, il en a rendu 157^m.75. Combien lui en reste-t-il encore ?

16. Un découpeur a 300 grosses de coupes à découper, il en a fait 219 grosses. Combien lui en reste-t-il à faire?

17. Un trempeur a 17 grosses de roses à tremper, 15 gr. d'œillets, 19 gr. de jacinthes, de tout cela il en a trempé 35 grosses. Combien avait-il de grosses à tremper, et combien lui en reste-t-il?

18. Une ouvrière a 10 grosses de fleurs à faire, elle en a fait 3 grosses 4 douzaines. Combien lui en reste-t-il à faire?

19. Un feuillagiste a 15 grosses 7 douzaines de feuilles à faire. Il en a déjà livré 9 grosses 8 douzaines. Combien lui en reste-t-il à livrer?

20. Une monteuse a 300 bottes à monter, elle en a fait 179 bottes. Combien en a-t-elle encore à livrer?

21. Un marchand a acheté pour 3,000 fr. de fleurs, il a donné en compte 1,300 fr. 85 c. Combien doit-il encore?

22. Il est dû à une ouvrière une somme de 300 fr. pour 6 mois de son temps, on lui a donné en compte 197 fr. 85. Combien lui doit-on encore?

23. Un apprêteur a 125 mètres d'étoffe à apprêter à raison de 20 centimes le mètre. Quelle somme cela lui fera-t-il?

24. Un autre a 248ᵐ.85 d'étoffe à apprêter à raison de 20 centimes le mètre, il lui faut pour 10 centimes d'empois par mètre. Quelle somme lui rapportera son

prêtage? Combien de frais aura-t-il et quel béné-
e net aura-t-il?

25. Un découpeur a 36 grosses de fleurs à découper
raison de 15 pétales par fleur. Combien lui fau-
a-t-il de coupes en huit?

26. Un autre a 70 grosses de fleurs à découper plus
douzaines à raison de 25 pétales par fleur. Combien
i faudra-t-il de coupes en 8?

27. Un autre en a 35 grosses à découper à raison
e 12 pétales par fleur. Combien lui faudra-t-il de
upes en 8?

28. Une ouvrière a 10 grosses de fleurs à faire à
aison de 1 fr. 50 c. la grosse. Quelle somme cela lui
it-il?

29. Une autre a 18 grosses de fleurs à faire à rai-
n de 1 fr. 80 c. Combien cela lui fera-t-il?

30. Une autre a à faire 12 bottes d'acacias à raison
e 1 fr. 65 c. la botte. Ces bottes sont composées de 6
ranches, chaque branche est composée de 6 petits
outons, 6 gros et 17 fleurs. Quelle somme ces 12
ottes lui feront-elles? combien lui faudra-t-il de bran-
es, de boutons de chaque grosseur, et combien de
eurs?

31. Une autre a à faire 15 bottes de lilas, ces bottes
nt composées de 6 branches; chaque branche a 25
outons fermés, 25 petites fleurs, 33 grandes. Ces
ottes lui sont payées à raison de 2 fr. 20 c. la botte.

Combien lui faudra-t-il de boutons fermés, de petites fleurs et de grandes, et quelle somme aura-t-elle pour ces 15 bottes?

32. Une autre a 17 bottes de marronnier de 6 branches chaque botte, chaque branche composée de 15 boutons fermés, 8 boutons ouverts, 36 fleurs. Ces bottes sont payées à raison de 3 fr. la botte pour la façon. Combien lui faudra-t-il de boutons fermés, de boutons ouverts, et de fleurs, et combien faudra-t-il donner de façon pour les 17 bottes?

33. Un fabricant a 6 grosses de roses à faire à raison de 3 fr. 75 la grosse de façon, il entre dans chaque grosse 4 fr. 25 de matériel, il doit les vendre à raison de 15 fr. la grosse. A combien lui reviendront les 6 grosses et quel bénéfice aura-t-il?

34. Un autre a 18 grosses de piquets à faire, 7 fleurs dans chaque piquet et 6 pistils à tête ronde. Il donne 1 fr. 75 c. de façon, il entre dans ces piquets 2 fr. 75 c. de matériel. Combien lui faudra-t-il de fleurs et de pistils, et combien devra-t-il donner de façon pour les 18 grosses? Enfin, à combien lui reviendront les 18 grosses, et combien aura-t-il gagné en les vendant à raison de 7 fr. 50 c. la grosse?

35. Un fabricant a 6 ouvrières à payer à la fin de la semaine : la première a 6 jours à 3 fr. 50, la seconde 6 jours à 2 fr. 75, la troisième 6 jours à 2 fr. 25, la quatrième 6 jours à 1 fr. 50, la cinquième 6 jours à 1 fr., la sixième 6 jours à 75 c. Combien

ıra-t-il à payer à chacune, et quelle somme aura-t-
à verser en totalité ?

36. Un autre a 4 ouvrières à payer à la fin de la
maine : la première a 6 jours d'ouvrage à 4 fr. 50,
seconde 6 jours à 3 fr. 25, la troisième 6 jours à
fr. 50, la quatrième 9 jours à 90 c. Il a une retenue
3 heures à faire à toutes. Combien aura-t-il à don-
r à chacune, cette déduction faite, et quelle somme
tale lui faudra-t-il ?

37. Un placier a emporté 200 grosses de fleurs à
ison de 65 c. la grosse, il en a vendu 30 grosses à
marchand, 40 grosses à un autre, 75 à un autre,
enfin 17 : Combien en a-t-il vendu ? que lui en
ste-t-il ? quelle somme a-t-il reçue ?

38. Un autre a emporté 58 bottes de fleurs, il en a
ndu 15 à un marchand, 12 à un autre, 8 à un autre
enfin 4, le tout à raison de 9 fr. la botte. Combien
a-t-il vendu ? que lui en reste-t-il, et quelle somme
t-il reçue ?

39. Un autre a emporté 25 bottes de fleurs, il en a
ndu 3 à un marchand à raison de 2 fr. la botte, 5
un autre à raison de 2 fr. 50 la botte, 10 à un au-
e à raison de 4 fr., et enfin 7 à raison de 5 fr. 75.
mbien a-t-il rapporté d'argent ? Son patron lui fait
e remise de 5 pour 0/0. Combien a-t-il eu pour sa
nte ?

40. Un négociant a acheté 1 grosse de fleurs à 15 fr.,
y a 12 douzaines dans la grosse. A combien lui re-
ennent-elles la douzaine ?

41. Un autre en a acheté 5 grosses à raison de 19 fr. la grosse, il y a 12 douzaines dans chaque grosse. Combien lui coûte chaque douzaine?

42. Un autre en a acheté 25 grosses à raison de 25 fr. 75 la grosse, il y a 12 douzaines dans chaque grosse. Combien chaque douzaine lui coûte-t-elle?

43. Un autre en a acheté 19 grosses à raison de 35 fr. 75 net la grosse, il les a revendues 50 fr. 25 la grosse avec escompte de 5 pour 0/0. Combien les a-t-il achetées? combien les aura-t-il vendues? combien aura-t-il d'escompte à faire? quel bénéfice aura-t-il retiré de ses fleurs?

44. Un autre a acheté un lot de bottes 325 fr., il se trouve dans ce lot 150 bottes. Combien lui coûte chaque botte?

45. Un commissionnaire a acheté un lot de bottes de fleurs 4,000 fr., il y a dans ce lot 3,530 bottes. Il a eu un escompte de 10 p. 0/0 du vendeur, il a eu 14 p. 0/0 de l'acheteur. Combien chaque botte a-t-elle coûté? et quel bénéfice le commissionnaire a-t-il eu tant du vendeur que de l'acheteur?

46. Un employé a 45 fr. par mois, combien cela lui fait-il par jour?

47. Un autre a 60 fr. par mois. Combien cela lui fait-il par jour et par an?

48. Un autre a 80 fr. par mois plus 2 p. 0/0 sur une vente de 75,000 fr. Combien cela lui fait-il par an et combien a-t-il à dépenser par jour?

49. Un autre a 225 fr. par mois et 3 1/2 p. 0/0 sur une vente de 325,430 fr. Combien cela lui fait-il pour l'année, et combien a-t-il à dépenser par jour ?

50. Un négociant a mis 30,000 fr. dans son commerce. Au bout de l'année son inventaire s'élève tant en marchandises qu'en valeurs à 85,000 fr. Combien a-t-il gagné dans son année ?

51. Un autre a mis 45,850. Au bout de l'année son inventaire s'élève à 115,926 fr. 35. Combien a-t-il gagné ?

52. Un autre a mis dant son commerce 10,000 fr. à lui appartenant, 5,000 fr. empruntés à un ami, 3,000 fr. à un autre. On lui a prêté cet argent à raison de 8 p. 0/0 d'intérêt par an. Combien aura-t-il l'intérêt à payer à chacun pour ces deux sommes et à prélever pour sa somme de 10,000 fr., à raison de 5 p. 0/0, avant de prélever les bénéfices ?

SOLUTION

DES PROBLÈMES PRÉCÉDENTS.

—

1er Problème.

10
18
25
———
53

Il a à apprêter 53 mètres
de mousseline.

2e Problème.

12
15
20
5
14
———
66

Il a à découper 66 grosses
de fleurs.

3e Problème.

6
17
19
25
———
67

Il a à tremper 67 grosses
de fleurs.

4e Problème.

4
10
5
3
———
22

Elle a à confectionner 22 grosses
de fleurs.

5e **Problème.**

19
30
10
———
59

Il a à panacher 59 grosses
de pétales.

6e **Problème.**

36
10
19
13
———
78

Il a à faire 78 grosses
de feuilles.

7e **Problème.**

11   5
20   12
12   ———
10   17
———
53

Il a 53 grosses de tiges à
faire, et il aura fini le
17 du mois.

8e **Problème.**

15   3
35   25
40   ———
13   28
———
103

Elle a 103 grosses de boutons
à faire, et elle aura fini le
28 du mois.

9e **Problème.**

19   13
50   12
30   ———
10   25
———
109

Elle a 109 bottes à livrer,
et elle aura fini le 25 du
mois.

10e Problème.

Elle aura fini à 8 heures du soir à cause de l'heure
du repas qu'il faut qu'elle prenne.

11e Problème.

15   4
12   25
15   ____
10   29
12
6   Elle a 82 grosses de fruits à
6   faire, elle les livrera le
6   29 du mois.
____
82

12e Problème.

Elle a 14 mètres de guirlande à mon-
2   8   ter, et elle aura employé 15 heu-
3   7   res ; mais, comme il n'y a pas de
5   ____   15e heure dans la journée, vous
4   15   dites : de 8 heures aller à midi,
____   il y a 4 heures, et
14   3 qu'il lui faut, font bien
                     7 ; elle aura donc fini à
              3 heures de l'après-midi.

13e Problème.

50
27   Il lui en reste 23 mètres à
____   livrer.
23

14e Problème.

127
119
———
008

Il lui en reste 8 mètres à livrer.

15e Problème.

200.00
159.75
————
040.25

Il lui en reste 40 mètres 25 centimètres à livrer.

16e Problème.

300
219
———
081

Il lui reste encore 81 grosses de fleurs à découper.

17e Problème.

17
15
19
———
51
35
———
16

Il avait 51 grosses de fleurs à tremper ; il en a fait 35 grosses, il lui en reste à finir 16 grosses.

18e Problème.

10.0
3.4
———
06.6

Il lui reste 6 grosses et 6 douzaines de fleurs à faire.

19e Problème.

1. 7
9. 8
———
5. 9

Il lui reste à livrer 5 grosses 9 douzaines de feuilles.

     SOLUTION

20e Problème.

```
300
179
———
121
```

Elle a encore 121 bottes à monter.

21e Problème.

```
3000.00
1300.85
————
1699.15
```

Il doit encore 1699 fr. 15 c.

22e Problème.

```
300.00
197.85
————
102.15
```

On lui doit encore 102 fr. 15.

23e Problème.

```
125
 20
————
 25.00
```

Cela lui fera 25 fr.

24e Problème.

```
248.85      248.85
  0.20        0.10
————      ————
49.77.00    24.88.50
24.88.50
————
14.88.50
```

Il a reçu 49 f. 77 c.; s'il a dépensé 24 88.5 ; il lui reste net 14 f. 88.5.

25e Problème.

```
   18
   15
 ─────
   90
   18
 ─────
  270
   36
 ─────
 1620
  810
 ═════
 9720
```

Il lui faudra 9720 coupes en huit.

26e Problème.

```
   25          450  ⎰   3
   18          15   ⎱ ─────
 ─────          0       150
  200
   25
 ─────
  450
   70
 ─────
 31500
   150
 ═════
 31650
```

Il aura à découper 31650 coupes en huit.

27e **Probléme.**

18
12
─────
36
18
─────
216
35
─────
1080
648
─────
7560

Il lui faut 7560 coupes en huit.

28e **Probléme.**

150
10
─────
15.00

Cela lui fera 15 francs à recevoir.

29e **Probléme.**

1.80
18
─────
1440
180
─────
32.40

Cela fait à recevoir 32 fr. 4

30ᵉ **Problème.**

12	12	12
1 65	6	6
——	——	——
60	72 branches.	72 petits boutons.
72		
12	12	
——	6	12
)n 19.80	——	17
	72 gros boutons.	——
		84
		12
		——
		204 fleurs.

31ᵉ **Problème.**

15	25	25
6	90	90
——	——	——
)0 branches.	2250 boutons fermés.	2250 petites fleurs.

15	33
2 20	90
——	——
3 00	2970 grandes fleurs.
30	
——	

Fr. 33.00 de façon pour les 15 bottes.

 SOLUTION

32e Problème.

17	102	102
6	15	8

102 branches.	510	816 boutons
	102	ouverts

17	1530 boutons	102
3	fermés.	36

51 fr. de façon pour les 17 bottes.		612
		306

3672 fleurs...a

33e Problème.

3 75	4 25	15
6	6	6

22.50 de façon.	25.50 de maté-riel.	90 total de . e vente.

Façon. . .	22.50		90.00 0
Matériel. .	25.50		48.00 0

Total. .	48.00	Bénéfice net. .	42.00 0

34e Problème.

144	144	1 75
18	18	18

1152	1152	1400
144	144	175

2592 piquets.	2592 piquets.	Fr. 31.50 de faço
7	6	

18144 fleurs.	15552 pistils.

2 75	7 50
18	18
2200	6000
275	750

r. 49.50 de matériel.   Vendu pour Fr. 135.00

Matériel. . . . . . .   Fr.   49.50
Façon. 31.50

Total. 81.00

135.00
81.00

Bénéfice net. 054.00

35e Problème.

50	2 75	2 25	1 50	1	0 75
6	6	6	6	6	6
1.00	16.50	12.50	9.00	6	4.50

1re Ouvrière. . . .   Fr.   21.00
2e   — 16.50
3e   — 12.50
4e   — 9.00
5e   — 6.00
6e   — 4.50

Total. . . . .   Fr.   69.50

36ᵉ Problème.

$$
\begin{array}{ll}
4\ 50 & \\
6 & \\
\hline
27\ 00\ 0 & \\
0\ 82\ 5 & \\
\hline
\end{array}
\qquad
4500\ \big\lbrace\ \begin{array}{l} 12 \\ \hline 0.27.5\ \text{milli} \\ 3 \end{array}
$$

Fr. 26.17.5 millièm. à la
1ʳᵉ ouvrière.

$$
\begin{array}{ll}
3\ 25 & \\
6 & \\
\hline
19\ 50 & \\
81 & \\
\hline
\end{array}
$$

Fr. 18.67 à la 2ᵉ ouvrière.

$$
\begin{array}{ll}
2\ 50 & \\
6 & \\
\hline
15\ 00\ 0 & \\
0\ 62\ 4 & \\
\hline
\end{array}
$$

Fr. 14.37.6 mill. à la 3ᵉ ouvrière.

$$
\begin{array}{ll}
6 & \\
0.90 & \\
\hline
5\ 40\ 0 & \\
0\ 22\ 5 & \\
\hline
\end{array}
$$

5.17.5 mill. à la 4ᵉ ouvrière.

luction faite à la 1re ouvrière, F. 26 17.5 millièmes.

	id.	2^e	id.	18.67.0
	id.	3^e	id.	14.37.6
	id.	4^e	id.	5.17.5

Total à payer. . . . . Fr. 64.39.6 millièmes.

37e Problème.

$$
\begin{array}{l}
30 \\
40 \\
75 \\
17 \\
\hline
\end{array}
$$

Vendu. . 162
          65
          ———
          810
          972
          ———
Reçu. . 105.30

Emporté. . 200
Vendu. . . 162
            ———
Reste. . . . 038 bottes.

Reçu. . Fr. 105.30

38e Problème.

15
12
8
4
———
Vendu. . 39 bottes.
à Fr. . . 9
———
Reçu. . . 351

Emporté. . 58 bottes.
Vendu. . . 39
            ———
Reste. . . . 19

Fleuriste artificiel.   9

39e Problème.

```
   3              5            10          7
   2              2.50          4          5  75
 ______          ______       ____        ______
   6              2.50         40            38
  12.50          10                          49
  40              ______                     35
  40.25          12.50                       ______
 ______                                      40.25
  98.75.0                      3
   9.37.5                      5          à déduire 5 p. 0/0
 ______                       10
  88.37.5                      7             98.75
Preuve : 98.75.0                              5
                             ______          ______
                              25             9.37.5 mill.
```

Il a emporté 25 bottes, il les a toutes vendues; il a
reçu 98 fr. 75, sur quoi il a retenu 9 fr. 37 c. 5 millièmes qui lui étaient promis; il a donc versé à son
patron une somme nette de 88 fr. 37 c. 5 millièmes.

40e Problème.

```
  1500  (    12
  030   (   ______
  060   (    1.25
  00        12            Elles lui coûtent 1 fr. 25
            ______        la douzaine.
Preuve :    250
            125
            ______
            15.00
```

41e Problème.

```
r . . . 19  (    60 douz.
rosses  5  {  ——————————
   ——————  (  1.58.3 mill.
    9500
     350
     500
     200
    · 20
```

Elles lui coûtent
Fr. 1.58.3 millièmes
la douzaine.

42e Problème.

```
5 95        25 g.
  25        12 d.
————       ————
2975          50
5190          25
            ————
   64875  (  300
   0487   {  ——————————
    1875  (  2.16.2 mill.
    0750
     150
```

Elles lui coûteront
Fr. 2.16.2 millièmes
la douzaine.

43e Problème.

```
35.75                  50 25
   19                     19
—————                  —————
32175                  45225
 3575                   5025
—————                  —————
679.25                 954.75
            Escompte. .  5 p. 0/0
                       —————
            Fr. 47.73.7 millièmes.
```

Sur Fr. . . . . 954.75.00 millièmes.
Retirer. 47.73.75

Reste net. 907.01.25
Achat. 679.25.00

Bénéfice net. . . . 227.76.25 millièmes.

44e **Problème**.

Fr. 325 { 150 bottes.
  0250 {
   1000 { 2.16.6 millièmes chaque botte.
   1000
    100

45e **Problème**.

            Fr. 4000 { 3550 bottes.
    4000   4700 {
      10   11700 { 1.13.3 chaque botte
           11100
Du vendeur 40000   510
      14

            Sur 4000 00
   16000 Retrancher 960 00
   4000

           A diviser 3040 00 p/ { 3530 0
De l'achet. 560.00   21600
   400. »   04200 { 0.861 1
           670

Total. . . 960.00 d'escompte.

46e **Problème**.

          { 30 jours.
   Fr. 45 {
    150 { 1.50
    000

47e Problème.

$$
\text{Fr. } \begin{array}{r} 60 \\ 00 \end{array} \left\{ \begin{array}{l} \dfrac{30 \text{ jours.}}{2 \text{ fr. par jour.}} \end{array} \right.
$$

$$
\begin{array}{r} 60 \\ 12 \\ \hline 120 \\ 60 \\ \hline \end{array}
$$

Fr. 720 par an.

48e Problème.

$$
\begin{array}{r} \text{Fr. } 80 \text{ par mois.} \\ 12 \\ \hline 160 \\ 80 \\ \hline \end{array}
$$

Donne Fr. 960 par an de fixe.

$$
\begin{array}{r} 75000 \\ 2 \\ \hline 1500.00 \\ 960.00 \\ \hline 2460.00 \text{ par an.} \\ 270\ 0 \\ 14\ 50 \\ 3\ 550 \\ 0\ 265 \end{array} \left\{ \begin{array}{l} \dfrac{365}{} \\ 6.73.9 \text{ mil. à dépenser par jour.} \end{array} \right.
$$

49e Problème.

```
  225            325430
   12            3.50
 ─────         ─────────
  450           1627150
  225           9762900
 ─────         ─────────
Fr.2700 par an.  11390.05.00
                  2700
               ─────────
                14090.05.00
                 3140          A dé-  ⎰  365
                  2200         penser ⎱  ─────
                   105                   38.60 p/jour
```

50e Problème.

```
Fr. 85,000
    30,000
  ─────────
```

Il a gagné Fr. 55,000 dans l'année.

51e Problème.

```
115926.35
 45850.00
─────────
```

Il a gagné Fr. 70076.35 dans l'année.

52ᵉ **Problème.**

```
    10,000                    3,000
       5                         8
  ─────────                 ─────────
    50.000                   240.00
     5,000
        8
  ─────────
    400.00  intérêt du 1ᵉʳ prêteur.
    240.00    id.   du 2ᵉ prêteur.
    500.00    id.   pour les 10,000 francs.
  ─────────
   1140.00  total des intérêts.
```

APPENDICE

AJOUTÉ PAR L'ÉDITEUR.

———

Il existe à Paris une industrie qui, en apparence,
st futile et peu digne d'intérêt, c'est l'art de fabri-
uer les fleurs artificielles. On ne se fait pas une idée
xacte de la multitude d'ouvrières occupées à ce
enre de commerce. Qu'est-ce, en effet, que de réunir
es feuilles de papier ou des tissus de différentes cou-
urs, les marier avec harmonie et établir les con-
astes les plus frappants? Il n'y a pas de science dans
e travail : une main légère, un peu de souplesse dans
s mouvements, quelques idées de coloration, telles
ont les conditions nécessaires pour atteindre la per-
ction de ce genre d'industrie. Cependant, qu'on ne
e fasse pas illusion; quelque modeste que soit la
cience qu'exige la fabrication des fleurs, elle existe,
ar la coloration des plantes artificielles est un travail
l'autant plus difficile qu'il faut non-seulement imiter
a nature, mais souvent la surpasser en évitant ses
mperfections. Mais à quelle époque remonte l'origine

de cette industrie en France? A-t-on perfectionné la fabrication des fleurs artificielles? Telles sont les questions qui se présentent particulièrement à l'esprit.

On sait que les Italiens sont les premiers qui ont introduit cette industrie en Europe. Le culte religieux, les fêtes solennelles qu'ils multiplient si volontiers, leur ont donné le goût d'environner, en tout temps, leurs autels de fleurs, sinon naturelles, du moins imitant la nature. Mais, comme à l'origine de toute science, on s'est contenté d'abord de donner à des rubans de couleur variée les formes nécessaires à la fabrication des fleurs. Les plumes, la gaze d'Italie, qui, par leur souplesse, se plient à toutes les exigences de l'art, servirent ensuite de matière première ; mais alors, comme aujourd'hui, ces plumes n'étaient l'objet que d'un commerce de fantaisie, et par conséquent ce n'est pas de ce côté que devait se diriger l'attention de ceux qui voulaient faire progresser le travail des fleurs. Comme on usait beaucoup de gaze d'Italie, on remarqua bientôt son peu de grâce dans la forme, sa lourdeur, son épaisseur et même le peu d'éclat qu'elle donnait aux plantes. Il était donc évident que son emploi devait, sinon disparaître totalement du commerce, du moins diminuer beaucoup.

En France on fait peu d'usage du cocon de ver à soie, les fleuristes le négligent souvent ; cependant si on interrogeait les Italiens, on verrait qu'il existe un couvent, près de Gênes, dont la réputation pour les fleurs est immense, et là on a toujours eu l'habitude d'employer ce produit avec succès.

On pourrait de même recommander la moelle de
rtains joncs, et en particulier du sureau. C'est encore
Chine qui nous donne l'exemple dans l'emploi de ce
ps, comme l'affirme un missionnaire qui a relaté les
ogrès des Chinois dans l'industrie des fleurs. Comme
temps changent la mode, et surtout tendent à dimi-
er le prix de la matière première, il y a quarante
s, les fleuristes consommaient beaucoup de taffetas
ur les feuillages et de batiste fine pour les pétales;
jourd'hui le système a changé. On rapporte même
e sous Louis XVI, un des plus habiles fleuristes de
ris s'imagina de faire une rose avec des pellicules
œufs. Les pétales offraient une particularité qui a
aucoup plu : ils étaient disposés de manière à pré-
nter le chiffre de Marie-Antoinette. L'histoire ne man-
e pas de raconter que cette princesse accueillit avec
aisir cette marque d'attention. Aujourd'hui on a in-
duit des modifications si heureuses dans la fabrica-
on des fleurs, comme nous aurons occasion de le re-
arquer, que l'on ne s'arrêterait plus à une innova-
on de cette nature. Les fleuristes, d'abord, ont aug-
enté d'une manière prodigieuse depuis cette époque.
Alors on comptait cinq à six fabricants de fleurs à
ris. Aujourd'hui, au contraire, on en signale plu-
eurs centaines. Alors on citait comme un prodige
habileté de Mme de Genlis à imiter les fleurs de la
ature dans tout ce qu'elles ont de plus agréable à
œil. Les anémones, les violettes, les myosotis, se fa-
onnaient avec grâce sous sa main légère. Maintenant,
a fabrication des fleurs est une véritable industrie;

il n'est pas en France particulièrement de petites villes
qui n'aient ses fleuristes. Souvent même on s'étonne
de rencontrer jusque dans les bourgades obscures des
ouvrières d'une adresse rare, au courant des modes
variant leurs travaux avec autant de facilité qu'à
Paris.

Comme dans tous les genres d'industrie, la confection des fleurs artificielles a ses outils, son mobilier de
toute nécessité. En effet, le fleuriste ne touche jamais les
fleurs délicates, n'importe dans quelle partie, avec les
doigts; il est si facile, en effet, de froisser le tissu !
c'est avec une pince que l'on saisit les parties des fleurs,
avec elle on les dispose, on les étale, on les incline,
on les relève convenablement; avec elle encore on
contourne certains pétales, on redresse les extrémités,
on écarte, on rapproche les étamines. Souvent même
on trace sur les pétales des stries ou raies parfaitement
caractérisées. C'est ainsi que l'on imite la nature sur les
lis, la pâquerette. Toutes les parties délicates des plantes sont soudées avec cet instrument. En un mot, la
pince, c'est le principal outil de l'ouvrière fleuriste.
Dans la fabrication des fleurs il faut aussi avoir sous la
main la batiste, le jaconas, la percale fine, la mousseline, la gaze.

Comment, en effet, faire la rose des quatre saisons
sans la mousseline ? Au contraire, lorsqu'il s'agit de
fabriquer une plante dont les pétales offrent un
peu d'épaisseur, la percale ne doit pas faire défaut.
Ordinairement on supplée à la batiste par le jaconas,
qui est souple, fin, serré. Aujourd'hui la gaze d'Italie

; un peu à la mode pour les fleurs communes. Il
est de même du calicot fin et du taffetas qu'on
iploie comme doublure. Ce sont les deux tissus en
age pour la fabrication des fleurs grossières à bas prix,
i se vendent si facilement dans les campagnes et les
tites villes. Au contraire, le crêpe ordinaire est né-
ssaire pour les fleurs de fantaisie, comme le crêpe
se pour les fleurs fines.

Le satin est indispensable à la corolle lorsque la plante
les fleurs à reflets brillants ou possède des pétales
rnissés. Le velours fait l'ornement et la beauté des
nsées, des oreilles d'ours et autres corolles veloutées.

taffetas vert qu'on emploie pour rideau fournit des
iillages gracieux, surtout quand les feuilles sont lon-
es et dentelées comme celles de la tulipe ou de la
jinthe.

S'il fallait ajouter à ces étoffes la série de tous les
sus variés que la mode change à chaque instant, il
idrait un volume pour les énumérer.

Aujourd'hui plus que jamais, on met en œuvre le
pier pour faire des fleurs, d'autant plus qu'avec l'em-
rte-pièce et les doigts agiles on parvient, en quelques
iondes, à leur donner toutes les formes de la nature.
rec les papiers de toute nuance que l'on rencontre
ins le commerce, on fabrique, dans ce moment, des
intes de toute espèce. On a perfectionné si bien ces
oduits, on leur a donné des nuances si variées, on
s découpe avec tant de grâce, que l'on saisit en quel-
ie sorte la nature dans ce qu'elle a de plus difficile.
Au reste, souvent aussi il faut, par des couleurs con-

venablement préparées, apporter à l'artiste un secours
important. La chimie, par conséquent, intervient là,
et depuis quelques années elle a, sinon aidé beaucoup
l'ouvrier, du moins elle lui a indiqué les meilleurs
moyens de varier les couleurs et de les appliquer avec
succès, en lui donnant des produits plus purs et mieux
préparés.

L'outillage n'est utile, dans l'industrie des fleurs
artificielles, que pour la fabrication des pétales et des
feuillages achevés ensuite et mis en œuvre par les
fleuristes.

Cet outillage, extrêmement simple, se compose d'asse
sortiments d'emporte-pièce et de gaufroirs de grandeurs différentes. Nommer ces outils, c'est en indiquer
l'usage ; l'emporte-pièce en fer trempé sert à découper
les étoffes ; le gaufroir en fer doux forme, avec sa cuvette ou contre-partie en cuivre rouge, une sorte de
moule métallique dans lequel l'étoffe découpée reçoit
la forme voulue.

La gravure industrielle a conservé le privilège de
créer ces deux outils, jusqu'au moment où le perfectionnement des procédés de moulage et de fonte, et
en dernier lieu, la galvanoplastie, sont venus lui dis-
puter la production des gaufroirs destinés aux fabri-
cations secondaires.

M. Henri Leménager, fabricant d'outils pour fleuristes, a présenté des spécimens nombreux d'emporte-
pièces et de gaufroirs gravés, extrêmement remarqua-
bles par le soin scrupuleux, non moins que par le
goût qui a présidé à leur fabrication.

Emploi nouveau du collodion.

La fabrication des fleurs artificielles, qui est en France l'objet d'un commerce considérable, vient de recevoir un perfectionnement important. Il consiste dans l'emploi du collodion pour former les feuilles des plantes, qui se faisaient jusqu'à présent en taffetas ou en papier estampé. Quant aux fleurs proprement dites, il n'entre chez nous dans leur confection que de la batiste. La finesse et le luisant de cette matière sont très-propres à rendre l'aspect de certaines fleurs et les nuances dont elles se colorent.

Les Italiens emploient avec succès pour le même objet les cocons de vers à soie. Peu de matières prennent mieux la teinture, la conservent plus solidement et produisent un meilleur effet. Sa transparence et son duvet imitent à s'y méprendre le velouté de la fleur. Elle résiste à l'humidité, et l'action du soleil ne peut l'altérer qu'à la longue. Les Chinois, qui excellaient déjà dans cet art à une époque où il était à peine connu en Europe, se servent avec beaucoup d'adresse de la moelle fine et légère du *tong-zao*, espèce d'arbrisseau qui a quelque ressemblance avec le sureau. Ils la réduisent en feuilles délicates aussi minces que du papier et en font des fleurs d'un très-joli aspect.

Mais aucune matière, jusqu'à présent, n'avait présenté les mêmes avantages que le collodion pour rendre la flexibilité des feuilles et tous les détails de leur structure. C'est à l'état de lames obtenues sur des glaces qu'on prépare le collodion pour l'usage dont il s'agit. Ces lames, une fois teintes de la nuance voulue, sont découpées en feuilles à l'aide de matrices en cuivre qui sont la reproduction fidèle de moules en plâtre faits sur la feuille vivante à l'aide de procédés qu'il serait trop long de décrire ici. Contentons-nous de dire que la perfection des feuilles artificielles en collodion est si grande que les botanistes pourraient y être trompés.

Feuilles et fleurs artificielles, par M. Bérard-Touzelin, à Paris.

(Brevet d'invention de 15 ans du 20 avril 1853.)

Jusqu'à ce jour, les feuilles artificielles ont présenté des défauts qui tiennent spécialement à l'emploi d'une trop grande quantité de cire.

Voici comment on procède ordinairement :

On découpe les feuilles dans une mousseline ou toute autre matière, on les trempe, on les ombre, on les passe dans un bain de cire.

Or, dans cette préparation, la cire s'attache en trop grande quantité aux feuilles, elle les rend épaisses, raides, lourdes ; empêche de leur donner un mat convenable, et fait que la poussière s'y attache et les ternit.

Pour faire cesser ces effets désagréables, je procède de la manière suivante :

Je ne fais usage de la cire que pour aviver les cou-
eurs.

Ainsi, après avoir trempé les feuilles dans la cire,
e les place entre deux ou plusieurs feuilles de papier
e soie ou de papier brouillard, ou toute autre ma-
ière pouvant remplir le même but, et, au moyen d'un
er chaud que je passe sur le papier, ou par tout autre
rocédé, j'en extrais la presque totalité de la cire qui
es recouvrait ; ensuite je les gaufre.

J'obtiens ainsi des feuilles minces, légères, flexibles,
lu plus beau mat et très-gracieuses.

En résumé, le moyen nouveau de fabriquer les
euilles et les fleurs artificielles, consiste principale-
nent dans l'extraction de la cire par le procédé indiqué.

Certificat d'addition, en date du 28 *février* 1855.

Les procédés à employer pour l'application sur les
issus continus, de la cire, et son absorption ulté-
ioure au moyen de corps spongieux et de la chaleur,
iont exactement les mêmes que ceux décrits dans
non premier brevet, et relatifs aux feuilles et pé-
ales de fleurs artificielles découpées, c'est-à-dire
ıpplication de la cire, stéarine, blanc de baleine ou
parafine sur ces tissus ; ensuite absorption de la cire
excédante à l'aide des papiers buvards ou autres corps
spongieux, entre lesquels ils sont intercalés et expur-
gés à l'aide de la chaleur douce d'un fer chaud ou de
tout autre instrument.

Au moyen de cette absorption partielle que j'opère,

d'une partie de la cire déposée primitivement sur les
feuillages, pétales ou tissus continus, j'obtiens donc
tout à la fois trois résultats importants :

1° Une légèreté plus grande des pétales, des feuilles
ou des tissus continus ;

2° Un avivage extraordinaire des couleurs sur lesquelles la cire est appliquée, et qui remplit alors le
rôle de vernis préservateur des influences atmosphé-
riques ;

3° Une inadhérence complète des feuilles ou pétales
entre eux par la pression ou la superposition.

Fabrication des fleurs et de feuilles glacées, par M. BÉRARD-TOUZELIN, à Paris.

(Brevet d'invention de 15 ans du 2 mai 1853.)

Dans la fabrication des feuilles et des fleurs artificielles, on a déjà fait quelquefois usage de la gélatine.

Le plus généralement, le résultat recherché n'était
que de donner de la consistance aux tissus employés
pour cette fabrication, sans se préoccuper des autres
avantages ou agréments qu'on en pouvait retirer.

D'un autre côté, on s'en est servi pour fabriquer
des fleurs toutes en gélatine : ainsi on ne l'a employée
qu'à l'état liquide, délayée ou en feuilles simples.

Mon procédé a un objet tout différent qui n'a pas
été recherché jusqu'ici, et qui n'a absolument aucun
rapport avec ceux dont on vient de parler.

Il a pour objet l'application de feuilles de gélatine

s-minces, de toutes couleurs et de toutes nuances,
r les tissus, étoffes et matières quelconques pouvant
rvir à la fabrication des feuilles et des fleurs artifi-
elles, telles que les mousselines, gazes, crêpes, or-
ndis, plumes, tissus métalliques, bois, etc.

Et pour résultat on a des feuilles et des fleurs glacées
 toutes couleurs et de toutes nuances, et tout ce qui
 rapporte aux feuilles et aux fleurs ombrées ou non
nbrées.

Voici la manière de l'appliquer :

Découper, au moyen d'un emporte-pièce ou de toute
tre manière, d'abord sur une feuille de gélatine,
suite sur une pièce d'étoffe quelconque, une double
uille ou un pétale de fleur ; coller légèrement la
uille de gélatine sur ou sous la feuille ou le pétale
étoffe, de peau, plume, etc., suivant l'étoffe qu'on
ut obtenir, puis gaufrer.

Ainsi, en appliquant la gélatine sur l'étoffe, on ob-
ent un glacé tout-à-fait nouveau.

Si, au contraire, on applique sur la feuille de géla-
ne une feuille ou un pétale en étoffe ou autre ma-
ère, la feuille de gélatine doit être plus grande, de
anière à déborder, ce qui produit une feuille ou un
étale de la plus gracieuse légèreté bordée d'un beau
lacé.

Certificat d'addition, en date du 12 janvier 1855.

Ce certificat d'addition et de perfectionnement se
apporte à l'application des feuilles de gélatine ou

grenatine, ou autre matière transparente, sur toute
espèce de tissus en pièces pour arriver à une fabrication plus régulière et moins coûteuse des feuillages
et des fleurs glacés.

Voici une nouvelle manière de procéder :

Couler la gélatine, la grenatine, la colle de poisson
ou tout autre liquide, sur une plaque de verre ou sur
un morceau de marbre ; lorsqu'on s'aperçoit que la
gélatine que l'on a étendue commence à sécher, l'on
applique un morceau d'étoffe, soit crêpe, satin, mousseline ou autre, soit tout autre objet, tels que bois,
plumes, papiers, etc.

L'étoffe se colle sur la feuille de gélatine encore hu-
mide, et, lorsqu'elle est sèche, l'on obtient une étoffe
très-bien glacée. Je découpe ensuite dans cette étoffe
glacée des feuilles ou des pétales de fleurs que je fabrique d'après les moyens connus.

C'est donc pour l'application de ces tissus gélatinés
à la fabrication des fleurs et des feuillages, que je viens
demander cette addition au brevet que j'ai obtenu
pour l'application de la gélatine en feuilles sur toute
espèce d'étoffe, cette manière de procéder étant plus
économique et plus nette que celle qui fait l'objet du
brevet principal.

Le travail dont je viens de parler au sujet de la
gélatine s'applique pareillement à la grenatine, à la
colle de poisson ou autre.

On peut intercaler des pétales de gélatine ou grenatine, ou toute autre matière transparente, en feuilles
très-minces, de toutes couleurs, dans des fleurs de

ousseline, crêpe, satin, velours ou autres espèces
étoffes; on peut intercaler aussi ou réunir ensemble
ie ou plusieurs herbes ou feuilles de gélatine ou
enatine ou toute autre matière transparente, avec
s herbes ou feuilles de mousseline, crêpe, satin,
lours, etc.

Le but que j'ai désiré atteindre par cette réunion de
gélatine ou grenatine découpée en pétales et en
uilles, à d'autres pétales et feuilles de diverses étof-
s, en les unissant seulement ensemble par un col-
ge à l'extrémité inférieure des pétales ou feuilles, a
é d'obtenir un glacé qui imite parfaitement la rosée
puisse remplacer le diamant ou l'application de
rre pilé, qui offrait l'inconvénient de se détacher
r parcelles et de tomber sur le cou des dames et de
s blesser.

La différence de cette addition avec le brevet prin-
pal, est que, dans le brevet, la gélatine ou grenatine
t collée ou appliquée sur les étoffes, tandis que, dans
tte addition, j'assemble seulement une herbe ou
ie feuille de gélatine ou grenatine avec une autre
rbe ou feuille d'étoffe quelconque, ou j'intercale
i pétale de grenatine ou de gélatine dans une fleur
étoffe quelconque.

Il y a évidemment perfectionnement comme prix de
vient; car je supprime le collage de la gélatine sur
s étoffes, ce qui est long et coûteux, et j'obtiens le
ême effet.

Découpoir mécanique pour la fabrication des fleurs   *artificielles,* par Léon DE BELLIEZ.

Jusqu'alors on ne connaissait pour le découpage del. papiers et des tissus que l'emporte-pièce et le maillete avec ce moyen, il est impossible d'obtenir plus de huiu ou seize exemplaires, selon l'épaisseur de l'objet quu l'on découpe, sans que l'outil soit rempli. Il faut donun chaque fois que l'on a frappé sur l'emporte-pièceo ôter, à l'aide d'une pointe ou d'un bout de fer queie. conque, les exemplaires qui l'encombrent, si l'on veut recommencer. Pour un habile découpeur, ce travan demande au moins dix ou douze secondes entre char que coup de maillet, ce qui donne comme résultat i peu près un exemplaire par seconde pour une étofli pliée en seize, et deux de moins pour celles que l'oo' ne peut mettre qu'en huit, pliage le plus ordinaire. Ave; la nouvelle invention, au lieu de huit ou seize exenn plaires par dix secondes, on peut en découper un cent à chaque coup de presse, qui dure deux secondes at plus.

Le découpoir mécanique a donc l'avantage de renn placer, à lui seul, l'emporte-pièce, la presse à gaufreie et tout ce qui en dépend, et surtout d'*annuler le bruit assourdissant* frappant sur l'outil, ou de la masse aplai nissant le plomb.

Explication des détails du découpoir mécanique.

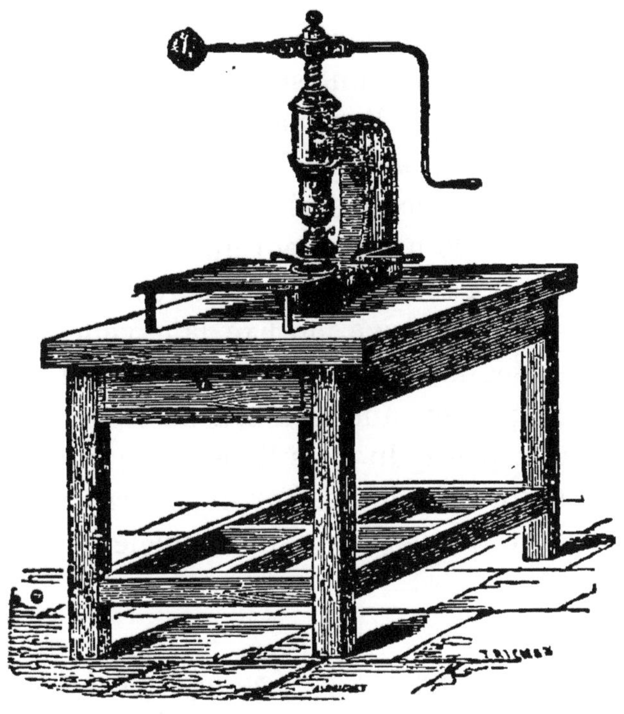

A, outil ou découpoir creux de part en part, en
évasant par le bas, et fixé par deux tenailles B sur
ne plaque de fer C ronde, creuse et mobile comme
ii, afin que l'on puisse tailler l'étoffe en biais comme
a droit fil, mais qui peut être immobilisée à l'aide
'une vis sur le côté D. Cette plaque repose sur le socle
e la presse également creux E, s'adaptant à une table
ont le plancher est percé F, afin que l'objet découpé
mbe dans le tiroir qui est au-dessous G. L'étoffe ou

l'objet à découper est placé sur une tablette H, qui
le met de niveau avec l'emporte-pièce, de manière
qu'elle puisse glisser facilement et au fur et à mesure
qu'elle se découpe pour éviter tout dérangement. L'é-
toffe est toujours maintenue sur le bout de l'outil par
une petite règle J, que l'on avance ou que l'on recule
à volonté, selon la grandeur de l'outil, et arrêtée par
un petit ressort J placé à côté de l'outil qui s'abaisse
ou se relève par le mouvement que lui imprime le
piton dans lequel est enchâssé un morceau de bois de
bout K. Pour le gaufrage, on fixe la cuvette à l'aide
d'un goujon soudé au-dessus, à la place du découpoir A, et le gaufroir auquel on a aussi fait souder
un piton, à la place du buis K. Avec ce moyen, on
économise encore six heures sur douze, en évitant le
mouvement de va-et-vient, qui emploie un temps
inutile.

*Gaze propre au montage des feuillages et des fleurs
artificielles,* par M. DEVALTANT, à Paris.

(Brevet de 15 ans, du 4 février 1853.)

Jusqu'ici, la gaze employée pour monter les feuillages et les fleurs artificielles était découpée par bandes
et effilée ensuite à la main, de manière à laisser une
partie tramée et une autre partie détramée formant
une barbe qui, dans ses applications diverses, sert à
imiter la nature.

L'on vient d'inventer un tissu de gaze qui dispense

de ce travail d'effilage à la main, et s'obtient sur tous les métiers à tisser.

Par la disposition même du tissage, on fabrique de distance en distance une partie tramée, c'est-à-dire une partie formée de la chaîne et de la trame, et une partie non tramée, c'est-à-dire une partie formée seulement de la chaîne et destinée à donner l'effilé ou la barbe.

Des fils de trames marquent les lisières.

En coupant avec des ciseaux le tissu entre les fils de trames indiquant la lisière, on obtient des bandes toutes préparées, desquelles il ne reste plus qu'à ôter le fil de trame qui a servi à marquer la lisière de la barbe.

Fleurs en carton mousseline, par M. JACQUES,
de Metz.

On apprête la mousseline à l'empois d'amidon cuit; on plie cette étoffe en quatre ou plus, suivant l'épaisseur que l'on veut obtenir ; on découpe l'étoffe à l'emporte-pièce et on la met en couleur au pinceau, avec des couleurs préparées à l'eau, puis on trempe cette coupe dans la préparation suivante :

On prend de la gélatine dissoute à l'eau, dans laquelle on ajoute un jus de citron et de la crème de tartre, afin que les couleurs ne changent pas ; on n'emploie ces deux dernières matières que pour les nuances rose et bleue.

Pour les teintes lilas, on remplace le citron et la crème de tartre par l'eau de mauve.

Pour les couleurs appliquées, telles que carmin, bleu d'outre-mer et jaune, on emploie la gélatine à l'eau.

Les quatre morceaux d'étoffe étant ainsi collés par la gélatine, ont l'épaisseur et la force d'un carton très-solide.

Pour faire la fleur, on la gaufre avec un mandrin bien chaud sur un coussin rembourré.

Le collage des pétales pour la confection des fleurs se fait avec une colle composée de farine, de colle forte et de gomme arabique, le tout chauffé légèrement.

Quand la fleur est terminée, on la trempe dans un bain très-chaud de cire blanche ; ensuite, elle est passée dans un deuxième bain de vernis blanc, puis suspendue pour la faire sécher promptement

Le même procédé s'applique au feuillage des fleurs.

L'Editeur croit rendre un véritable service à ses lecteurs en leur indiquant la maison L. FERNIOT, rue Saint-Denis, 227, *Au Jardin artificiel*. Ils trouveront dans ce vaste établissement tous les papiers en général, tels que : végétal, anglais, coquille, serpente, etc., les étoffes, chiffons et autres, les percales de toutes sortes, les velours, satins, crêpes, gazes, les outils, fils-defer, laitons, feuillages de papier et d'étoffes, feuillages fins pour coiffures ; enfin, cette maison réunit non-seulement tout ce qui concerne la fabrication des fleurs, mais encore les fleurs, soit à la grosse, soit montées; les coiffures, parures de mariées, les plumes de toutes sortes. Joignez à cela les prix les plus avantageux, et vous aurez une idée de l'importance de cette maison. C'est pour ce motif qu'il n'a pas craint de l'indiquer dans cet ouvrage.

L'Auteur de cet ouvrage recommande aussi d'une manière particulière les maisons ci-après :

M. HENRY, rue Saint-Denis, 349, fabricant d'apprêts pour fleurs ;

Et M. HUMBERT, rue du Cloître-Saint-Jacques, 7, qui a la spécialité des mousselines, gazes et soies pour les fleurs.

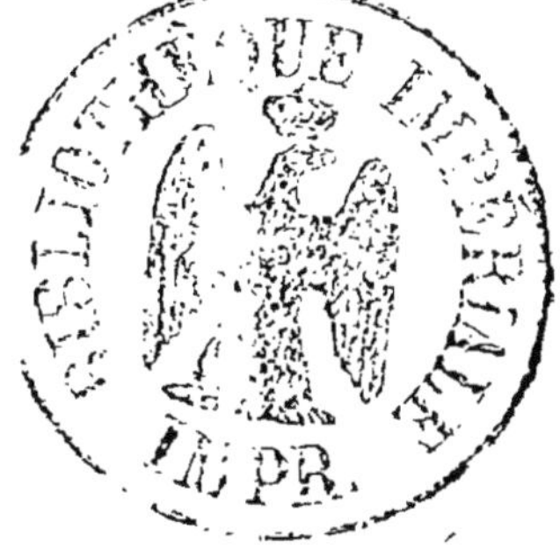

———

EXPLICATION DES PLANCHES.

PLANCHE TROISIÈME, COMPRENANT :

Dahlia.
Grenade.
Rose de haie.
Renoncule.
Rose noisette.
— Bengale.
— Thé dite gloire de Dijon.

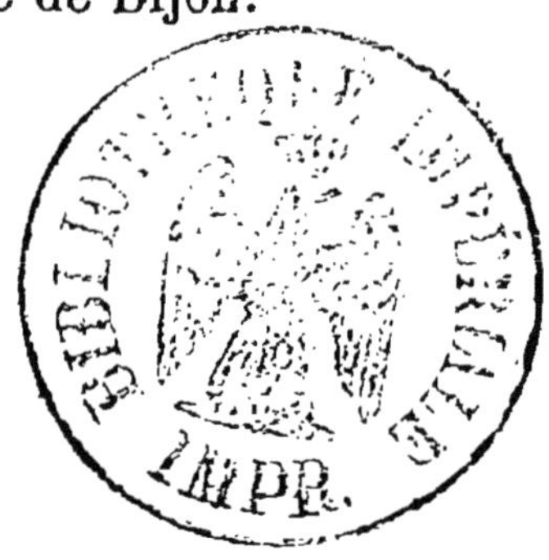

FIN.

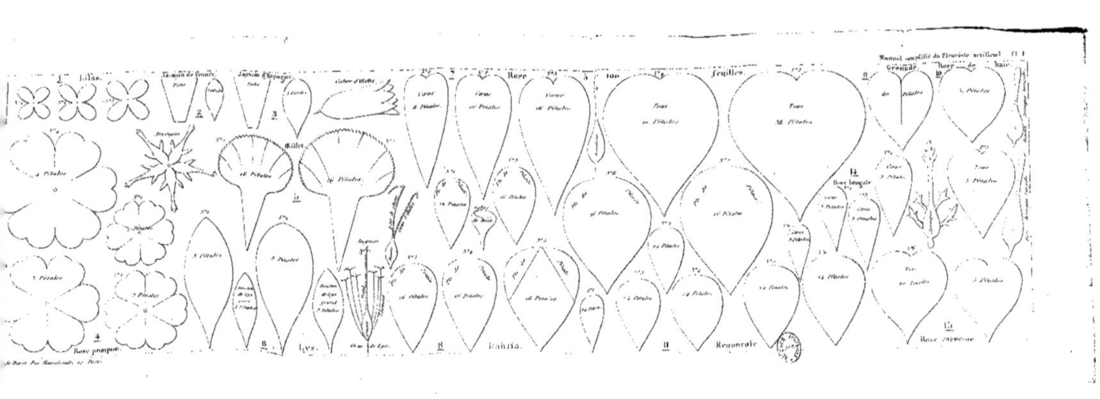

Manuel simplifié du Fleuriste artificiel. Pl. 1

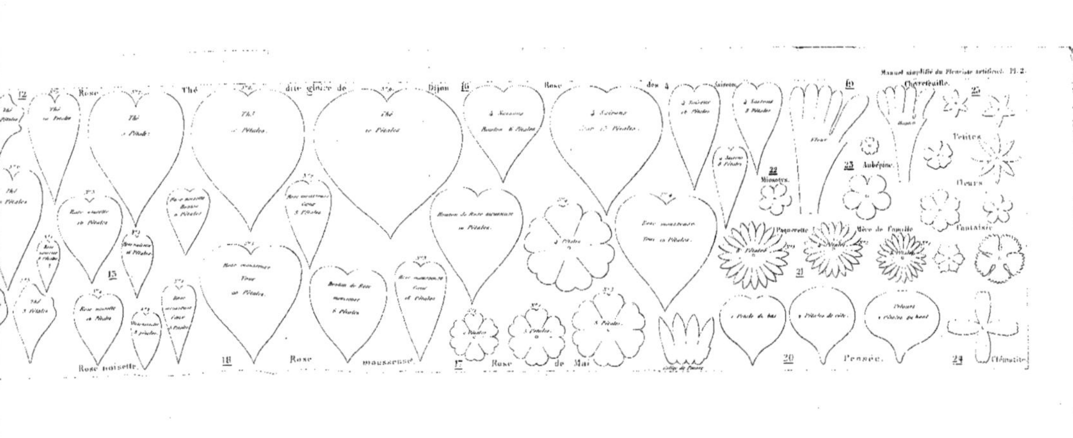

Manuel simplifié du Fleuriste artificiel. Pl. 2.
Chèvrefeuille.
Rose
Thé
dite gloire de
Dijon
Rose
des 4 Saisons
Mimosrs.
Pâquerette.
Mère de famille.
Aubépine.
Petites
Fleurs
Fantaisie.
Rose noisette.
Rose mousseuse
Rose de Mai.
Pensée.
Clématite.

TABLE DES MATIÈRES.

FIN DE LA TABLE DES MATIÈRES.

BAR-SUR-SEINE. — IMP. SAILLARD.

ERRATA.

—

ıge 39, ligne 26, *monté* sur de la paille, lisez :
moulé sur de la paille.

ıge 49, ligne 24, on met *en* rond de fil-de-fer, lisez
on met *un* rond.

INV
V.2